Georg Lohmeier

Heilige Viechereien

Georg Lohmeier

HEILIGE VIECHEREIEN

Tiere und ihre hl. Schutzpatrone

Mit Fotografien von Hermann Reichmann
und Erika Drave,
der bekannten Münchner Kunstfotografin

VERLAG GEORG LOHMEIER MÜNCHEN

ISBN 3-9801631-2-1

Gesamtherstellung: Passavia Druckerei GmbH, Passau

INHALT

Ein Scheiberl für den Heiligen Vater 7
Das Roß Gottes 12
Zu Füßen ein Löwe 16
Der Stier, der früher ein Ochse gewesen 24
St. Georg 29
St. Leonhard 35
Heilige Hirsche 39
Auch kleine Viecher haben Schutzpatrone 45
Der Bär des hl. Korbinian 49
Ein Wunder im Saustall 52
Der Hund des hl. Dominikus 61
Katzen und Hund liebt unser Sigismund 63
Der Pfarrerspitz und andere Viechereien 78
Ein heiliger Viehhändler? 84
Nachtigall, o laß dich hören! 87

Benützte Literatur 91
Personen- und Sachregister 92

EIN SCHEIBERL FÜR DEN HEILIGEN VATER

Der hl. Evangelist Matthäus schreibt im 10. Kapitel: »Kauft man nicht fünf Spatzen für zwei Pfennig? Und dennoch fällt keiner von ihnen zur Erde ohne den Willen unseres himmlischen Vaters. – Fürchtet euch also nicht, ihr seid mehr wert als alle Spatzen!« Ein tierfreundlicheres, tröstenderes Gotteswort kenne ich weder im Alten noch im Neuen Testament. Aktuell und gnadenreich.

Wenn der Allmächtige sich sogar um die Spatzen kümmert, dann gewiß auch um die Ferkel, Kälber, Küh' und Schaf', um Rösser, Hühner, Gäns und Enten, um Rebhendl, Fasanen, Fisch' und Reh, um Hasen und Eichhörnchen, um Elefanten, Mäus' und Bienen, halt um alle Lebewesen der Arche Noah, denen unsere gelehrten Theologen nur eine »anima vegetativa und sensitiva« zubilligen, also nur eine Leibseele mit Instinkt und ein sinnliches Begehrungsvermögen, was sie einen »appetitus sensitivus« nennen. Nicht aber eine »anima rationalis« und eine unsterbliche Seele.

So darf ich nicht hoffen, daß ich im Himmel einmal meinen längst toten Hund Rasso wiedersehen werde? Auch keinen von den verkauften Stieren, keine von den guten Kühen, die längst im Schlachthaus getötet worden sind? Nicht die in Rußland erschossene Fuchsstute Lisi und nicht den totgemähten Kater? Auch nicht jenen stolzen ersten Rehbock? Bin mir ohnehin vorgekommen wie der heilige Hubertus persönlich damals. Habe unwillkürlich gebetet: O Herr, gib ihm die ewige Ruh'! Und keine Büchs mehr rühr ich an, hab ich mir geschworen.

»Wenn ich meine Kätzin Livia nicht mitnehmen darf in den Himmel, Herr Pfarrer, dann will ich gleich selber nicht hinein«, hat die alte Schreinermutter gesagt und hat der auf ihrem Bett sitzenden Kätzin lange in ihre Mondscheinaugen geschaut, die sie aber gleichmütig und fatalistisch angesehen haben. »Ist denn überall ein kleiner Schwindel dabei?«

Laßt die Gelehrten getrost differenzieren, spezialisieren und suspendieren!

Aus dem göttlichen Mund haben wir die Worte: »Keiner von den Sperlingen ist bei Gott vergessen.« Deine Kätzin ist mehr wert als ein Spatz. Selbstverständlich auch dein lustiger Hund und mein lieber Kater. Wir dürfen eine Freud haben an den mit uns lebenden Geschöpfen, brauchen uns nicht einmal Sünden fürchten, wenn wir die Mizi und den Wellensittich manchmal grad so gern haben wie den angetrauten Gemahl.

Der Hund kennt sich schon lange aus, wir sind immer bereit, zusammen spazierenzugehen, die Küh auf der Weide zu bewundern, die Rehe nicht zu jagen, fremde Katzen am Leben zu lassen, halt gewisse Verbote zu achten.

Obwohl der rote Kater in der Nachbarschaft ihn schon lange ärgert, da er mit dem unsrigen oft rauft und auch unsere Haustür mit seinem Duft markiert. Er kann ihn nicht riechen. Auch nicht sein Fraule, die eine Finanzinspektorin ist. Der Hund weiß das alles. Er hat seine Vorkommnisse und Menschlichkeiten. Er kennt meine Leiden und Sympathien.

Oft scharrt ein Roß ungeduldig im Sand, bläst durch die Nüstern und bedeutet seinem Reiter: »Bilden Sie sich nicht zu viel ein auf Ihren Verstand, meine Dame! Für dies kurze Leben reicht mir mein Instinkt. Kommen Sie, traben wir geschwind in den Stall!«

Trotz der zunehmenden Automobile und Traktoren werden die Pferde wieder mehr. Hat sich der hl. Leonhard anscheinend doch wieder mehr durchsetzen können im Himmel? Gegen die Übermacht der Autoheiligen?

Ich kann mich noch erinnern, Anfang der fünfziger Jahre, haben wir unsere schönen Rösser den Roßmetzgern verkauft. Es hat Pferdehändler gegeben, die jede Woch' etliche Waggons abgehalfterte Gäule, denen man die Eisen heruntergerissen hatte, über die Alpen geschickt haben. Und viele unserer Bauern hatten fast ein schlechtes Gewissen. Jahrhunderte über haben die Bauernrösser die Arbeit getan, haben den Erntewagen und den Pflug gezogen, die Mäh- und die Sämaschine. Und jetzt pferchte man sie unlieb eng in die Eisenbahnwägen und liefert sie in Salamifabriken Italiens und Griechenlands.

Tröstet uns so ein Händler mit seinem allzeit vorhandenen Humor: »Bäuerin, denk dir nichts, euer Fuchs kommt zwar in eine italienische Wurst, aber diese Wurst kann ja zufällig und gottgewollt in den Vatikan kommen? Und der Hl. Vater persönlich ißt davon ein kleines Scheiberl? Sowas wär' doch eine einmalige Freud' und unsterbliche Gelegenheit für eueren Fuchs! Eine mords Viecherei wär das. Was sag ich«, schrie begeistert der tröstende Viehhändler, »eine heilige Viecherei wär sowas!«

Der Ausruf dieses Geschäftsmannes hat mich, der ich damals auf dem Freisinger Domberg gerade noch ein geistliches Berufsziel vor Augen hatte, getroffen. Immer wieder ist er mir eingefallen. Auch beim Schreiben besonders geglückter komischer Szenen.

»Das wär' ja fast eine mords Viecherei geworden«, sagte ich mir dann selber anerkennend und doch auch wieder zweifelnd. »Denn eine mords Viecherei ist noch keine heilige Viecherei.«

Es tröstete den längst verstorbenen Roßhandler-Peter der liebe Gott! Heut wär' mit den Pferden wieder ein Geschäft zu machen.

Weil die Menschheit mit dem Auto allein auch nicht glücklich geworden ist. Etwas Lebendiges, das mit dem Schwanz dir entgegenwedelt, das bellt oder schnurrt, pfeift oder wiehert, das sich berühren läßt und dich anschauen kann, halt ein Geschöpf Gottes mit dem Odem des Lebens, braucht der Mensch zu seinem Glück. Und wahrscheinlich auch zu seiner Kultur mehr als den Besuch einer Oper.

Die Sozialpsychologen haben es schon herausgebracht: Haustiere beeinflussen das Wesen eines Menschen günstig, öffnen seine Seele hin zu den Mitmenschen, so daß mancher Tierfreund auch wieder ein Menschenfreund wird. Und Kinder, die ein Haustier daheim haben, sollen gar lernfähiger sein. Der berühmte Pessimistenspruch: »Seitdem ich die Menschen kenn', liebe ich die Tiere«, bedarf einer Ergänzung: »Seitdem ich meine Katze lieb hab, mag ich auch wieder die Leut.«

Ohne Wissen Gottes fällt kein Sperling vom Dach. Und mein Kater ist mehr wert als ein Spatz. Jäh schleicht er sich heran, springt auf den Schreibtisch, daß ich erschreck', legt sich auf mein Manuskript, greift mit den Pfoten nach dem Bleistift und beißt hinein. Dann wieder legt er den Kopf auf meine Hand und beginnt zu schnurren. Keinen Buchstaben mehr läßt er mich schreiben. Und wieder möcht er spielen. Aber laß' bitte deine Krallen drin, wir spielen nur mit Samtpfoten! Er hört nicht. Bald schon wird ihm die Hand, der Unterarm dazu, zur Beute, und mit den Hinterpfoten greift er an. So enden die Zutraulichkeiten immer mit der Jagd. Raubtier! Erst voll Lieb, dann voller Trieb.

Hunde liegen gern unter dem Schreibtisch. Katzen sitzen direkt neben dem Schriftsteller. Wenn mich nicht alles täuscht, war der berühmte Löwe des hl. Kirchenvaters Hieronymus, der ein großer Philologe, Sprachforscher und Schriftsteller war, von wahrscheinlich nicht zu großer Gestalt gewesen. Und gehören die Löwen zur Familie der Katzen. Laßt uns aus der Katz keinen Löwen machen und aus dem hl. Hieronymus keinen Steirer Volksschriftsteller! Obwohl er in der damaligen Provinz der heutigen Steiermark geboren worden war. Wahrscheinlich in der Gegend südlich von Graz, an der Grenze zwischen Pannonien und Dalmatien. Und daß ein Grazer Dichter, auch wenn er in Bethlehem lebt, vor offenen Folianten und einer brennenden Kerze, in der Gemütlichkeit seines Turmzimmers sitzend, daß er da zu seinen Füßen keinen »friedfertigen Löwen« liegen hat, sondern eher eine schnurrende Katze, wie ich gern glauben möcht, wird wohl auch keine allzu ketzerische Irrlehre sein.

Jedenfalls bedeutet es mir eine große Freude, nun zu wissen, daß mein Kater Wiggerl nicht ohne Wissen des Allmächtigen auf den Schreibtisch springt. Ob er auch seinen Schutzengel hat oder nicht haben darf? Ob er gar eine unsterbliche Seele hat? Oder seelenwandernd in ihm gerade ein Kammerlakai König Ludwig II. sich verbirgt? Ob er froh ist, daß er vom »intellectus rationalis« nichts mehr weiß und der »appetitus sensitivus« seiner Sinnlichkeit, als Wille, ihm vollauf genügt? Sein Instinkt versteht jede Zuneigung. Er mag mich auch. Oft schon hat er mir eine Maus vor den Schreibtisch gelegt. Als junges Katzerl wollte er noch Fliegen fangen. Dann hat er sich im Kuhstall aus Übermut an einen Kuhschweif gehängt. Ein jeder weiß es, das Spiel der Tiere kann zu einer Viecherei werden. In der Nachbarschaft säugt eine brave Hündin ein junges mutterloses Katzerl. Und das Katzerl wird groß und fett – und bellt nicht.

Man muß nicht an die Seelenwanderung durch das Tierreich glauben, aber daß Menschen sich in Tiere verwandelt haben, lesen wir in Märchen und Romanen. Unter den Büchern der heidnischen Zeit das liebste war dem großen hl. Augustinus der »Goldene Esel« von dem römischen Schriftsteller Apuleius, der ein geborener Afrikaner war wie der hl. Kirchenvater selber. Zum Mittagsschlaf hätte er, so schreibt er selber, gern in dem lustigen Volksroman gelesen. Es ist die Geschichte des Philosophiestudenten Lucius, der sich von einer zaubernden Mystikerin zum Spaß in einen Esel verwandeln läßt. Wegen einer Affäre, in die die Zauberin gerade verwickelt wird, kann er nicht gleich wieder zurückverwandelt werden. Da steht er nun da, der gute Esel und geht durch verschiedene Eseltreiberhände. Er muß Säcke tragen und Gras fressen, eine hübsche Braut auf seinem Rücken entführen, hört das Märchen von Amor und Psyche aus dem Munde einer alten Vettel und kann endlich beim Isisfest eine erste geweihte Rose fressen, worauf er wieder der Lucius wird.

Ein berühmter Roman der Weltliteratur, eine einzige Eselei. Und weil ausgerechnet der große hl. Augustinus dieses Buch gern liest, vor der Vernichtung rettet und es neu herausgibt, gehört diese literarische Reminiszenz unbedingt zu den ganz großen heiligen Viechereien. Und wenn's manchmal noch so derb zugeht! –

Heilige und ihre Tiersymbole sind in diesem Buch die wichtigsten heiligen Viechereien. Es ist nur schad, daß der hochgelehrte hl. Augustinus kein Tiersymbol an seiner Seite hat, keinen Hund wie der hl. Dominikus, keinen Löwen wie der hl. Evangelist Lukas und nicht einmal eine einzige Biene aus dem Bienenkorb seiners Lehrers, des hl. honigfließenden Ambrosius. St. Augustin hat ein brennendes Herz.

Und ein Herz haben, heißt lieb sein. Das Herz ist zudem ein Symbol der Dreifaltigkeit. Weil es ein gleichschenkeliges Dreieck darstellt, von dem die eine Seite, immer die obere, wie man's auch dreht, wie ein liegender Dreier aussieht. Und ist die Ziffer drei wieder eine Chiffre der drei göttlichen Personen. Eine heilige Geometrie.

Nein, es ist nicht schad, daß Augustinus statt eines Stieres etwa ein brennendes Herz zum Attribut hat. Auch die Viecher haben ein Herz. Und ein Herz für Mensch und Vieh haben ist die Vollendung der Liebe, ist schon fast eine allerheiligste Viecherei.

DAS ROSS GOTTES

Eine noble Titulatur hat sich der Esel zugelegt. »Je dümmer, je stolzer«, rügten die Pädagogen, stampften wegen des falschen Genetivs mit dem Fuß auf und zischelten verächtlich: »Asinus, Esel. Setzen!«

Das hat Tradition. Ob der göttlichen Roßtitulatur könnte der Esel aber schnell einen ehrenwerten Beiklang bekommen. Welch edles Pferd heißt schon »Roß Gottes«? Kein Lipizzanerhengst, kein Oldenburger, keine englische Stute aus dem königlichen Stall, kein Rottaler Kutschpferd und kein Bräuroß.

Keiner von diesen Gäulen kommt in der Hl. Schrift vor. Der Esel schon. »Jesus fand einen jungen Esel und setzte sich darauf, wie geschrieben steht: Fürchte dich nicht, Tochter Sion, dein König kommt, er sitzt auf dem Füllen eines Esels.«

Aber wie diesen Esel der Herr erworben hat, ist eine merkwürdige Geschichte. Er sagt zu zwei seiner Jünger: »Geht in das Dorf, das vor euch liegt. Wenn ihr dort hineinkommt, werdet ihr ein Füllen angebunden finden, das Junge einer Eselin, auf dem noch niemand gesessen ist. Bindet das Füllen los und führt es her! Fragt euch jemand: Warum bindet ihr es los? So antwortet: Der Herr bedarf seiner.«

Und die Abgesandten fanden es, wie er ihnen gesagt hatte. Als sie das Eselfüllen losbanden, fragten die Eselbesitzer tatsächlich: »Warum bindet ihr das Füllen los?« »Der Herr bedarf seiner«, antworteten sie und führten es zu Jesus.

Und Jesus setzte sich auf den jungen Esel und zog unter dem Jubel des Volkes in Jerusalem ein. »Gepriesen sei, der da kommt im Namen des Herrn!« riefen sie und hieben Zweige von den Bäumen …

Seitdem ist der Palmesel weltberühmt. Im Mittelalter wurde die Palmsonntagprozession in jeder größeren Pfarrei abgehalten, wobei ein ausgesucht schöner, frommer Mann auf einem echten Esel hat mitreiten müssen.

Es wurde behauptet, daß nur wegen dieses Prozessionsesels überhaupt die Esel in den Diözesen nördlich der Alpen gehandelt worden sind.

Der Palmesel löst heut noch eine Aufregung aus. Wer als letzter der Familie aus dem Bett kommt, ist der Palmesel. Das ist nicht direkt eine Schande, denn der Palmesel darf den Palmbaum tragen. Mancherorts auch den Palmbuschen. Und verschläft sich einmal die kleine Schwester, trägt sie wenigstens ein einziges »Palmmanschi«.

Begabte Mystikerinnen und apogryphische Evangelisten haben über Palmesel, über das Füllen und seine Eselinmutter, noch Zusätzliches geoffenbart bekommen: Daß die alte Eselin des Palmesleins dreiunddreißig Jahre früher als junge Eselin im Stall von Bethlehem gestanden sei.

Also gehört der Esel auch zur idyllischen Lieblichkeit der Weihnachtskrippe. Er steht hier zwar nicht allein, sondern an der Seite des Ochsen. Aber immerhin, ein Tier, das bei der Geburt des Herrn hat dabei sein dürfen, den neugeborenen Gottessohn durch Anhauchen hat erwärmen dürfen, so ein Vieh ist gesegnet durch alle Generationen.

Etliche hochgelehrte Theologen des 17. und 18. Jahrhunderts sind gar der barocken Frage nachgegangen, warum von dem Palmeselein und dessen Mutterstute zu Bethlehem keine Reliquie aufbewahrt worden ist und nirgend verehrt wird. Wo doch selbst von dem bethlehemitischen Krippenstroh ein paar Halme im Kloster zu Neresheim gezeigt würden. P. Simon Oberascher, Professor an der Salzburger Benediktineruniversität, weiß in seinem gelehrten Weihnachts- und Krippentraktat eine Antwort: Weil man dem Ochs und dem Esel, die beide einen ziemlich unvernünftigen Ruf bekommen hätten, nicht gar so viel Ehren antun hat wollen. Es sei schon genug, daß sie im Kripplein stehen dürften. Und der Palmesel wäre ohnehin ein Gaudium, so er sich störrisch verhalte während der Prozession, wo er doch dem Heiland einen so erhabenen Dienst tun darf!

Wegen dieses Gaudiums haben die kirchlichen Behörden das echte Eselein im 15. und 16. Jahrhundert nicht mehr geduldet und es mit einem geschnitzten Konterfei ausgewechselt. Jetzt konnte nichts mehr passieren. Und die Kinder Israels, die Pueri Hebraeorum, von der Schuljugend lauthals dargestellt, konnten ihr Hosiannageschrei loslassen.

Es gibt noch sehr schöne, geschnitzte Palmeselein. Die Reichsprobstei der Augustinerchorherrn zu Wettenhausen kann wahrscheinlich den allerschönsten, wohlerhaltenen Palmesel vorzeigen. Und liegt dies Wettenhausen in Schwaben bei Günzburg und ist heut ein berühmter Dominikanerinnen-Konvent.

Die älteste Palmeselprozession wird uns in Augsburg aus dem Jahre 890 überliefert. Damals soll der Bischof auf einem lebendigen Esel in seine Kathedrale eingeritten sein. Durch das laute Hosianna der Jugend wurden die Esel bockig. Da half kein Zureden und kein Anstacheln. Das Vieh tut keinen Schritt mehr nach vorn und keinen mehr zurück. Das störrische Roß Gottes! Ein neuer Spitzname für den dummen Esel war in Umlauf gekommen. Wer sich bockig stellt und gar nichts antwortet, wurde vom Herrn Lehrer »Roß Gottes« geschimpft.

Daß der Esel in den deutschen Landen in Verruf geraten ist, hat auch mit der Strafjustiz zu tun. Männer, die von ihren Frauen geschlagen worden sind, wurden zur Strafe verkehrt auf einen Esel gebunden und zum Gespött der Mitbürger durch die Stadt geführt. »Der Esel, warum hat er die Person geheiratet!« Im Rechtsmuseum zu Rothenburg ob der Tauber kann man Abbildungen solcher »Eseleien« sehen. Keine heilige, eher eine juristische Viecherei. Beliebter sind die Eselsbrücken, die Lernhilfen der Schüler in Versen: »Als Feminina binde man die Weiber an die Bäume an!«

Übrigens zum ersten Male ist von Eseln schon im Ersten Buch Moses die Rede. Abraham verkauft in Ägypten dem Pharao seine Frau Sara »für Esel und Eselinnen, für Knechte und Mägde«, heißt es im Buch Genesis, im zwölften Kapitel: »Du bist eine Schönheit«, hat vorher Abraham zu seiner Sara gesagt, »wenn dich die Ägypter sehen, werden sie mich totschlagen, sag drum, du seist nicht meine Frau, sondern meine Schwester!«

Sie willigte ein, und der Pharao erwarb die Sara. Da schlug aber der Herr den Pharao mit schweren Schlägen wegen Sara, der Frau des Abraham. Der Pharao gab Sara dem Abraham zurück mit den Worten: »Was hast du mir da angetan? Sagtest sie sei deine Schwester, einstweilen ist sie deine Frau. Nimm sie und geh!« Und Abraham durfte die Esel und die Eselinnen und all seine Habe mitnehmen.

Eine merkwürdige Eselei? Und eine nicht ganz rühmliche Rolle spielt dabei der Erzvater Abraham. Immerhin, so kommen die Eseln zum erstenmal in der Heiligen Schrift vor, im allerersten Buch, in dem auch von der Erschaffung der Welt die Rede ist.

Krippen mit echten Eseln sind auf den Christkindlmärkten der Städte heute wieder anzutreffen. Aber keine echten Palmeseln. Dafür spielt in Kößlarn, im Rottal, ein Schnitzesel noch eine Rolle. Er wird von den Ministranten auf einem Rädergestell herumgezogen. Auch sein heiliger Reiter, der Herr Jesus, ist eine holzgeschnitzte Figur.

Am längsten in Bayern soll sich ein lebendiger Palmesel in Landshut gehalten haben. Der Mesner von St. Martin hat mit ihm ein jedes Wirtshaus heimgesucht, begleitet von übermütigen und wohl auch schon betrunkenen Ministranten.

Heut gibt es nur noch wenige Pfarreien, die einen geschnitzten Palmesel haben. In der altehrwürdigen und schönen Wallfahrtskirche »Zu unserer lieben Frau in der Kronawittstauden«, der heutigen Pfarrkirche, haben sie noch einen.

1913 wäre er beinahe auch abgeschafft worden. Das Fahrgestell war kaputt, und der lateinische Text, den die Ministranten bei ihrem Umzug vor jedem Haus aufsagen mußten, war nicht mehr zu verstehen, war im Laufe der Generationen bis zur Unkenntlichkeit verändert, daß dem damaligen Herrn Pfarrer an dem schönen Brauch nicht mehr viel gelegen war. Statt »Pueri Hebraeorum, portantes ramos olivarim«, sagten sie »Ora priorum sanctus rampus doliver.«

Aber die Kößlarner Buben hingen so sehr an ihrem Palmeselumzug, daß sie den Herrn Pfarrer immer wieder bestürmten, doch ja alles zu reparieren, das Fahrgestell und ihren Text. Schließlich waren sie erfolgreich. Denn wer da bittet, dem soll gegeben werden.

Der alte Palmesel wurde von Künstlerhand restauriert, das Fahrgestell vom Wagner erneuert und der Text der Palmsonntag-Antiphon gründlich einstudiert. Und Hochwürden, der sehr musikalisch war, auch komponiet hat, schrieb den Ministranten auf den schwierigen Palmsonntagsvers eine eigene Choralmelodie.

Jahrzehntelang sind die Kößlarner Buben mit dieser Melodie und mit dem gut einstudierten Latein von Haus zu Haus gezogen. Heute ist die Chormelodie wieder vergessen. Aber die Ministranten rasseln den lateinischen Vers herunter, daß es eine Freude ist: »Pueri Hebraeorum portantes ramos olivarum ...« So etwas ist schon eine sehr heilige Viecherei.

ZU FÜSSEN EIN LÖWE

Der König der Tiere, die Großkatze Afrikas und Indiens, ein gefürchtetes Raubtier, ist ein uraltes Sinnbild der Tapferkeit. Der Löwe von Juda und der Löwe von Mykenä, »der brüllende Löwe, der umhergeht und lauert, wen er verschlingen könne«, ist sowohl ein Symbol des überwundenen Bösen, das sich vor der Macht Christi auf den Boden legt, als auch ein Bild für den von den Toten auferstandenen Gottessohn.

Warum ausgerechnet der Löwe für den am dritten Tage Auferstandenen stehen darf? Weil nach einem uralten Naturkundebuch, dessen Verfasser unbekannt ist, das man aber schon in der römischen Kaiserzeit dem Aristoteles oder dem König Salomon zugeschrieben hat, zu lesen ist, daß der Löwe seine totgeborenen Jungen durch Brüllen, am dritten Tag nach der Geburt, zum Leben erweckt.

Das sagenhafte Buch führt den Titel »Physiologus« und stammt aus der alexandrinischen Theologenschule des zweiten Jahrhunderts n.Chr. Das war eine Art heidnische Philosophen-Universität, die aber für das kommende Christentum schon recht aufgeschlossen war. Die frühen christlichen Theologen hielten sich hier auf, Origines und Klemens von Alexandrien.

Viele Tiere, Steine und Pflanzen, die etwas besonderes bedeuten sollten, sind in diesem merkwürdigen Naturkundebuch »Physiologus« beschrieben. Zum Beispiel das sagenhafte Einhorn, ein kraftstrotzendes Pferd mit einem spitzen langen Horn auf der Stirn. Es war ein Sinnbild für noch mehr Kraft als des Löwen Stärke. Und obendrein brachte das Einhorn eine vorwärtsstürmende, zielsichere Stoßkraft zum Ausdruck. Es war anfangs auch ein Sinnbild für Christus. Weil aber der »Physiologus« die besondere Reinheit und Keuschheit des Einhorns herausstreicht, ja gar schildert, wie das Einhorn gebändigt werden kann, indem es seinen Kopf mit dem starken Horn in den Schoß einer Jungfrau legt, würde es seine Wildheit sofort verlieren, machten die Theologen des Mittelalters das Einhorn zum Symbol der Keuschheit Mariens. Die grie-

Der berühmte gotische Palmesel des Hans Nagl aus Pfarrkirchen in der Wallfahrtskirche zu Kösslarn, mit dem die Ministranten am Palmsonntag von Haus zu Haus ziehen. (Foto: Hermann Reichmann)

Die Evangelisten an der Kanzel von Tettenweis bei Pocking im Rottal. Vielleicht eine Arbeit aus der Werkstatt Josef Deutschmanns (1717–1787)?

Der Stier des hl. Lukas könnte fast ein Rottaler sein.
Der Löwe des hl. Markus ist etwas mißglückt.
Aber der Adler des hl. Johannes sieht fast gefährlich aus.
(Foto: Hermann Reichmann)

Gebhard Fugel. Die hl. Evangelisten. Zwickelfresken in der Schloßkapelle zu Liebenau bei Ravensburg. Um 1910. Der christliche Realist Prof. Fugel malt dem hl. Markus einen besonderen zutraulichen, aber gefährlichen Löwen an die Seite. Auch der Stier des hl. Lukas könnte preisgekrönt werden. (Foto: Erika Drave)

St. Martin in Lauingen. Der hl. Kirchenvater Hieronymus mit seinem Löwen.
Kopie nach spätgotischem Original (1521) von Peter Trinklein aus Nördlingen.

J. Georg Buchauer, Niederndorf in Tirol. Der »honigfließende« hl. Kirchenlehrer Ambrosius mit dem Bienenkorb. (Foto: Hermann Reichmann)

Ignaz Baldauff, Inchenhofen. Zum hl. Leonhard nach Inchenhofen wallfahrten sie alle, hohe und höchste Herrschaften, Bürger und Bauern. Der Heilige thront auf dem Altar. Ignaz Baldauff ist ein gebürtiger Inchenhoferer und hat die Fresken um 1776 gemalt.

Ignaz Baldauff, Inchenhofen. Szene aus dem Leben des hl. Leonhard. König Chlodwig schickt zum hl. Einsiedler um Hilfe, anläßlich der plötzlichen Niederkunft der Königin auf der Jagd.

St. Johann Baptist in Velburg. Unter den Rittern am Hochaltar fehlt auch nicht der hl. Eustachius. Er hält hier den Kopf eines Hirsches im Arm.

Franz Ignaz Holzinger (1691–1775), der schwungvollste Rokokobildhauer und Stukkator, schuf am Hochaltar der Klosterkirche zu Vornbach am Inn diesen hl. Martin mit der schönen Martinsgans.

chische Herkunft und Freudigkeit des »Physiologus« läßt sich halt nicht leugnen.

Erschreckend ist der Vogel Greif. Ein Untier. Er hat den Körper eines Löwen, den Kopf und die Schwingen aber eines Adlers. Ein syrisches Untier, das bei den Griechen auf den höchsten Bergen die Goldgruben und Schätze der Götter bewachen mußte. Dieser Wächter der göttlichen Goldschätze war in der Antike bereits Attribut des Gottes Apoll. Aber auch der Göttin Artemis.

Die deutschen Gelehrten des Mittelalters glaubten noch fest an die wirkliche Existenz des Vogels Greif, beschrieben ihn nach den Schilderungen des »Physiologus« und wollen ihn auch hier und da leibhaftig gesehen haben.

Nicht nur Greifswald führt den Vogel Greif im Wappen. Er war fester Bestand des Wappens des Hl. Römischen Reiches und Österreichs. Er wird das Emblem der Buchdrucker und ist heute noch ein Schildhalter im Staatswappen des Landes Baden-Württemberg. Tiersymbole begleiten die Menschheit majestätisch durch die Jahrtausende.

Der Pelikan, der seine Jungen mit seinem Herzblut ernährt, fehlt nicht im »Physiologus«. Wir finden ihn auf manchem Tabernakel, wie er seinen Schnabel sich fest in die eigene Brust peckt.

Aber auch der Vogel Phönix, der beim Sonnengott seine Wohnstatt hat, in On bei Heliopolis, kommt in dem wirkungsvollen Naturkundebuch »Physiologus« vor. Nach ägyptischer Lehre soll er schon bei der Erschaffung der Welt auf dem Urhügel anwesend gewesen sein. Ein geheimnisvoller, heiliger Vogel. Eine Art Vorläufer des Hl. Geistes? Die auffallendste Eigenschaft eines Phönix ist, daß er nicht stirbt, sondern sich in angemessenen Zeitabständen selbst verbrennt, um dann aus seiner eigenen Asche wieder neugeboren aufzusteigen. Alles kommt einmal aus der Mode und dann, plötzlich, taucht es wieder auf, erhebt sich wie ein Phönix aus der Asche.

Schätzen wird die Symbolkraft solcher Wappentiere nicht für gering. Manchmal wirken die Kräfte erst, wenn wir sie beim Namen nennen. Der Löwe, die Großkatze, schleicht sich heran und reißt im Sprung mit seinen Pranken die Beute nieder. Vor seinem Gebrüll erschrecken die Tiere der Steppe.

Was bedeutet so eine Raubkatze zu Füßen eines hl. Evangelisten? Ist es der Löwe von Juda? Weil Markus ein Jude gewesen? Oder ist der Löwe des hl. Markus das Wappentier der Stadt Venedig? Haben Schutzpatron und Wappentier zusammengefunden, den Ruhm der Stadt in Ost und West zu repräsentieren? Ein Briefkopf der mächtigen Lagunenstadt?

Im Jahr 828 hatten sie immer noch keinen Stadtpatron. Die Apostel waren bereits vergeben. Und auch die Evangelisten hatten ihre Heimstätten. Alexandrien, einst eine Weltstadt, nun aber zu schierer Bedeutungslosigkeit herabgesunken, würde den hl. Markus vielleicht verkaufen, hat man erfahren. Das Geschäft fand in aller Stille statt. Die Überführung auf die Rialto-Insel war eine große Festlichkeit.

Der Löwe Venedigs bekam nun, an der Seite des hl. Markus, Flügel, er wurde der typische Markuslöwe von Venedig, Hochheitszeichen für das ganze venezianische Weltreich. In Friedenszeiten stützt der Markuslöwe seine Pranken auf das aufgeschlagene Evangelium, auf dem die Inschrift zu lesen ist: »Pax tibi Marce Evangelista Meus.« Befindet sich die Dogen-Republik der Kaufleute aber im Krieg, hält der Löwe seine Pranke auf das geschlossene Markusevangelium.

Auf unseren Barockkanzeln glückt den Schnitzern der Löwe des hl. Markus manchmal nicht überzeugend. Er sieht oft aus wie ein großkopfiger Hund. Selten ist er als König der Tiere getroffen.

Der hl. Evangelist Markus ist ein liebenswürdiger Herr. Sein Evangelium bringt viele Begebenheiten, die auf den Erzählungen des hl. Petrus beruhen. Markus war nämlich der Dolmetscher Petri gewesen, da Petrus des Griechischen nicht mächtig war. Außer vielleicht damals, gleich nach dem ersten Pfingstfest. Nach dem Tod des hl. Petrus – anno 67 – ging er nach Alexandrien und wurde dort Bischof und ein Freund der Philosophenschule. Ob er den »Physiologus« noch persönlich kennengelernt hat?

Am besten macht sich der Löwe in der Studierstube des hl. Hieronymus. Das war ein Gelehrter! Vor seinem Spracheningenium muß man heut noch den Hut ziehen. Albrecht Dürer hat den heiligen Schriftgelehrten in die Gemütlichkeit einer mittelalterlichen Bürgerstube gesetzt. Ein betagter Greis mit großer Glatze unter dem Heiligenschein. Und der gefährliche Löwe zu seinen Füßen ist nichts weiteres als eine große schnurrende Katze. Soviel Friede kommt nur aus der frommen Wissenschaft in die Seele des Menschen.

Der wirkliche Hieronymus aber war ein streitender Pamphletist, der sich mit den Philosophen und irrgläubigen Theologen seiner Zeit böse herumgeschlagen hat. Und er, der Genius so vieler frommer Frauen, die seine christliche Gelehrsamkeit verehrten, preist das jungfräuliche Leben! Die Virginität wird ihm zu einem hohen Gut. Er vor allem hat den Zölibat aufgebracht und in der jungen Kirche propagiert. Freilich haben sie ihm in diesem Punkt zu seinen Lebzeiten noch nicht ganz recht gegeben.

Der gebürtige Steiermärker schwänzt daheim, bei den unterrichtenden Haussklaven die Schule und ist überhaupt ein lebhafter Bub. Seine Großmutter übergibt ihn den strafenden Schulmeister-Sklaven. Sein Geburtsort hätte, wie er in vielen Briefen an alle möglichen berühmten Leute schreibt, »Stridon« geheißen.

Das ist schon eine große Freud für uns Bayern und Österreicher, daß einer der vier abendländischen Kirchenväter aus »unserer Gegend« stammt, aus dem Grenzland von Pannonien zu Dalmatien. Und noch dazu der hochgelehrte Hieronymus mit seinem Löwen.

Als junger Mann aus gutem Hause geht er zum Studium der Grammatik und Redekunst nach Rom. Er studiert viel Griechisch, schwärmt für die Schriften Ciceros, Horazens und des Terenz. Und er kauft ununterbrochen Bücher. Hat als Student schon eine ganze Bibliothek.

»Tunicam meam pollui«, bekennt er aber in einem Brief: »Über und über bin ich von Sünden beschmutzt. Besonders als Liebhaber hab ich mich in viele Abenteuer verstrickt«, seufzt er später. Und nur aus Neugierde hätte er sich taufen lassen und sei auch einmal in die Dunkelheit der Katakomben hinabgestiegen, »um den Schauer der Grabesstille zu empfinden«.

Dann macht er Reisen nach Germanien und studiert dabei auch die keltische Volkssprache, bemerkt er in seinem Galaterkommentar. In Trier lernt er dann das entscheidende Buch kennen, die Schriften eines rechtgläubigen Theologen, der mit Eifer gegen die Ketzer, besonders gegen die Arianer, loszieht. Er erkennt sofort, das kann ich noch besser und wird kritischer Schriftsteller mit großem Erfolg. Von vielen Seiten werden seine Briefe und Bücher beklatscht. Er wird gar in einen Prozeß verwickelt, wegen der Märtyrergeschichte einer »siebenmal schuldlos geköpften Frau«. Er beschimpft darin einen hohen Konsularbeamten als »bestealischen Henker« und muß in den Orient fliehen, um nicht selbst zum Märtyrer zu werden. Man schreibt zwar schon das Jahr 370, aber einen hohen Konsularbeamten durfte man auch damals noch nicht zum Feind haben.

Hieronymus wird nun, in der Einsamkeit der Wüste, ein Mönch und Asket. Behält aber in seiner Einsamkeit doch seine umfangreiche Bibliothek bei sich und läßt den Freund Rufin mit der vornehmen Römerin Melanie herüberkommen. Er schreibt: »Im Bußgewand, von Schmutz so schwarz wie ein Neger. Die Glieder so hager, daß sie kaum noch zusammenhängen. Wilde Bestien ringsum in der Öde. Skorpione in meiner Zelle. Und doch sehe ich im Geiste nichts als tanzende Weiber. Da schrie ich Tag und Nacht und schlug mir die Brust, bis ich über mir endlich die Schar der Engel sah ...«

Damals bereits soll der einsame Gelehrte in der Wüste einem hinkenden, schmerzbeladenen Löwen begegnet sein. Hieronymus näherte sich ihm vorsichtig und sah einen großen Dorn in der Pfote des Raubtieres. Mutig zog er diesen Stachel heraus, und der Löwe folgte ihm aus Dankbarkeit in seine Gelehrtenzelle.

Aber das ist eher eine Legende. Er selber hat von dieser Heldentat nichts berichtet. Weder in einem Brief an Melanie noch an Rufin.

Las er in seinem geliebten Cicero, widerte ihn die derbe und ungefüge Barbarensprache der Propheten an. Im Fieber hörte er aber plötzlich eine Stimme: »Du bist Ciceronianer und nicht Christianer, denn wo dein Schatz ist, da ist auch dein Herz.«

Er schwor, die heidnischen Autoren wegzuwerfen, wenn er wieder gesund würde. Er wurde gesund. Aber den Fieberschwur hielt er nicht. Doch nahm er Unterricht in der hebräischen Sprache bei einem Rabbiner und schrieb wieder Briefe nach Rom, verfaßte Traktate. Jetzt lobte er die Wüste, besang den Löwen, pries sein einsames Leben in ciceronisch stilvollem Latein, daß die Römer ganz begeistert wurden.

»Folgt mir nach, tut es mir gleich! Auch wenn deine Mutter sich die Haare zerrauft und dein Vater, dich zu hindern, sich auf die Schwelle legt, tritt auf ihn, schreite hinweg und folge der Fahne des Kreuzes in die Einöde der Wüsten, wo Christi Blumen blühen! Die rauchgeschwärzten Städte sind ein Kerker. Die Last des Leibes wegzuwerfen ist meine Sehnsucht ...«

Sein literarischer Stern in Rom war aufgegangen. Papst Damasus beruft ihn 382 zum Konzil nach Rom. Elf Jahre war er fort gewesen, und nun war er der Vertrauensmann des Papstes. Er brachte die ganze Stadt durcheinander. Alle waren verrückt nach dem jungen Gelehrten aus der Wüste. Die Damen des hohen Adels öffneten ihm ihre Häuser. Reiche Witwen mit ihren Töchtern sahen in ihm eine Partie. Er erscheint wie ein gepflegter, braungebrannter Einsiedler in Rom auszusehen hatte: hager, in der Büßertracht des hl. Johannes, aber mit einem jähzornigen Feuer in den Augen und mit gewaltig schöner, geistreicher Sprache.

Sein Lieblingsthema war die Keuschheit der Frau. Eben hatte ein römischer Theologe die Jungfrauengeburt Jesu angezweifelt. Mit Keulenschlägen trieb ihn der Wüstengelehrte in die Schranken und verherrlichte die Jungfrauenschaft Mariens. Er wetterte gegen die Ehe. Er forderte nicht nur vom Weibe die Jungfrauenschaft, sondern auch die Virginität des Mannes. Und auch Christus nennt er eine Jungfrau: »Christus virgo«.

Überzeugend schildert er die Mühsal einer Ehefrau, die sich um die Sklaven, um das Essen, um die Kindererziehung sorgen muß. Und dann am Abend sich auch noch schön machen soll, wenn es heißt: Der Mann kommt. »Jetzt muß sie, die vielgeplagte, gleich wie eine Schwalbe durch alle Stuben flattern, nachsehen, ob auch das Bettpolster fest genug gestopft ist, ob der Fußboden gekehrt, die Becher geputzt, das Essen gerichtet ist. Wie kann sie da noch an Gott denken? Zumal jetzt auch schon die Tafelmusikanten kommen und der Parasit am Tische seine Späße macht. Der Mann klatscht in die Hände und die Tänzerinnen schweben herein, halbnackte Mädchen, gierige Opfer der hinstarrenden Männer. Und die unglückliche Hausfrau muß sich auch noch mitfreuen. Tut sie es nicht, ist der offene Streit da. Dann erst noch die Ängste der Geburtswehen! Wie gut, wenn sie endlich die Menstruation hinter sich hat! Jetzt erst hat sie endlich Zeit zu beten!« Es war ihm gut zuzuhören.

Er widmet sich einigen interessierten Damen ganz besonders. Erklärt ihnen die Psalmen Davids. Und diese Frauen, vor allem eine gewisse Marvella und eine Paula mit ihren Töchtern, zogen ihre seidenen Kleider aus und legten ihre Ohrringe ab. Sie richteten mit ihrem Vermögen eine Art Nonnenkloster ein.

Er schreibt daraufhin eine scharfe Epistel gegen das »angeblich christliche Rom, das in Wirklichkeit, trotz ihrer Christlichkeit die Stadt der Laszivität und der Wollust geblieben ist«.

Er wirft vor allem den jungen Christinnen Roms vor, wie sie sich mit aufreizenden knappen Gewändern zum hl. Abendmahl begeben und sich dort berauschen, ihre Haarzöpfe auflösten und sich bei den Klerikern dann als Haushälterinnen einnisteten!

Er verlangt für die Keuschen weniger Bäder, weniger Reinlichkeit. Er rät einer Freundin von der Ehe ab. »Wozu willst du heiraten? Warum wünscht du dir einen Sohn? Daß dein Vater einen Enkel bekommt, der ihn mit seinen Sünden wiederum beschmutzt? Vermeide die Freundinnen, die ihre Schränke voller Toilette haben und täglich ein anderes Kostüm tragen!«

Er übernimmt sich. Beschimpft Priester und Bischöfe, die sich selbst bereichern. Nur die Kirche müsse reich sein, meint er, nicht die Priester.

Seine Gönnerin Marcella fällt von ihm ab und sagt mit Humor: »Wenn meine Tochter, wie du willst, eine Nonne sein soll und eine Braut Christi, dann kann ich, als ihre Mutter, mich rühmen, die Schwiegermutter des Herrn zu sein.« Diese Rede verdriest ihn sehr.

Papst Damasus stirbt im Dezember 384. Hieronymus, sein Sekretär und Freund seit vier Jahren, kann sich nun in Rom nicht mehr halten. Er, der gestrenge Büßer, wird der Unzucht mit seiner befreundeten Mäzenatin Paula bezichtigt. Es kommt zu Beleidigungsprozessen. Da stirbt auch noch ein junge Nonne in der klösterlichen Villa. Hieronymus soll sie zu Tode haben fasten lassen. Bei ihrem Leichenbegräbnis kommt es zu Tumulten. Die Trauernden rufen ihm zu: »Steinigt den verfluchten Mönch und jagt ihn davon oder stoßt ihn in den Tiber!«

Er flieht. In Ostia schifft er sich ein, schreibt aber noch an die Römer einen energischen Abschiedsbrief: »Ich verlasse dieses Babel und fahre wieder nach Jerusalem. Ich Tor, der ich vergaß, daß wer Jerusalem verläßt, unter die Mörder fällt ...«

Nie mehr wieder kommt er zurück. Er verbringt die kommenden vierzig Jahre in Bethlehem. Paula, die vermögende Witwe, begleitet ihn und erbaut ihm in der Geburtsstadt Jesu zwei Klöster, ein Frauenkloster, dem sie vorsteht und ein Männerkloster mit gewaltiger Schreibstube für den Kirchenvater. Er hat seine Redaktion, seine Bibliothek, mehrere Schreibsklaven und Papiervorräte. Und er betreibt einen Buchhandel. Seine Briefe und Traktate, seine Psalmen- und Bibelkommentare erregen in der ganzen Welt Aufsehen. Man reißt sie ihm aus der Hand.

Er diktiert unerschöpflich und nächtelang. Sein Lebenswerk entsteht, die Sammlung, Übersetzung und Redaktion aller Bücher des Neuen und Alten Testamentes. Dazu verfaßt er eine christliche Chronik, eine Universalgeschichte von Abraham bis zur Geburt Christi, ja bis zum endgültigen Sieg der Kirche, bis in die Tage seiner Gegenwart.

Nicht genug, dazwischen bekämpft er mit immer schneidenderen Worten jeden aufstehenden Irrlehrer mit einem Pamphlet, das jeweils in der ganzen Welt Aufsehen erregt. Einmal über die Irrlehre eines ehemaligen Gastwirts, der da behauptet, das viele Fasten sei ungesund und habe mit der Lehre Jesu wenig zu tun. »Weil du als Gastwirt gern gute Geschäfte machst, bist du gegen das Fasten«, schreibt er in einer hitzigen Epistel gegen diesen Freigeist.

Er verkracht sich noch mit seinem Jugendfreund Rufin und überlebt den Tod seiner Freundin Paula. Übersteht auch eine Plünderung seines Hauses durch Beduinen und beugt sich am Ende seines Lebens nur vor dem hl. Augustinus. Ihm wagt er nicht mehr zu widersprechen. Er schreibt ihm: »Ich habe beschlossen dich zu lieben und alles, was du sagst, mache ich mir zu eigen, denn er Weltkreis feiert dich und die Rechtgläubigen verehren dich als den Wiedererwecker des alten Glaubens ...«

Der große Philologe, Historiker, Poet, Asket und Theologe Hieronymus starb zu Bethlehem am 30. September 420. Er war gewiß weit über achtzig Jahre alt geworden. Daß er ein strenges Büßerleben gepredigt hat, ist vergessen. Die Riesenarbeit der lateinischen Herausgabe aller Bücher der Heiligen Schrift und die verbürgte Zuverlässigkeit des Wortlautes dieser »Vulgata« bleibt unvergessen. Das war eine Löwenarbeit.

Schon darum geziemt ihm der Löwe, der da so dankbar zu seinem Füßen liegt. Posthum hat ihm die Kirche auch noch den Kardinalshut verliehen und ihn in den Rang eines lateinischen Kirchenvaters erhoben.

Mit seiner messerscharfen Feder, seinem jähen Temperament, seiner unermüdlichen Übersetzarbeit aus dem Griechischen und Hebräischen, nicht zuletzt, weil er einem Löwen den spitzen Dorn aus der Pfote gezogen hat und weil er sich so sehr für Keuschheit und Ehelosigkeit eingesetzt hat, trotz seiner eigenen Versuchungen, möchte ich seine Lebensgeschichte mit etwas Humor zu den tierfreundlichen Heiligengeschichten rechnen dürfen. Der Löwe in seiner Schreibstube aber ist unbedingt eine heilige Viecherei.

DER STIER, DER FRÜHER EIN OCHSE GEWESEN

Der hl. Evangelist Lukas hat einen Stier. Man sieht es auf jeder Kanzel. St. Lukas schreibt und schreibt, während sein Stier die andächtigen Zuhörer beäugt. Ein lieber Evangelist. Die bethlehemitische Stallwärme weht einem entgegen, wendet man die Augen kanzelwärts und erblickt das liebe Rind des hl. Arztes, Marienmalers und Schriftstellers. Warum soll er nicht auch ein Maler gewesen sein? Alte Ärzte waren auch Künstler, Schriftsteller, Musiker und Maler. Zudem hatte der hl. Evangelist Lukas ein besonderes Verhältnis zum Hl. Geist. In der Apostelgeschichte schildert er sein Brausen: »Wie wenn ein Sturmwind daherfahre«. Ohne Lukas hätten wir von dem Pfingstwunder nichts erfahren. Oder schon längst vergessen. Statt des Stieres könnte er auch die Taube des Hl. Geistes zum Attribut haben. Aber nein, er tut dem Rind die Ehre an. Denn die Geburt des Christkindls im Viehstall war ihm noch wichtiger, Weihnachten lieber als Pfingsten.

Es stand aber im Stall von Bethlehem kein Stier sondern ein Ochs. Weshalb die Rindsköpfe an unseren Kanzelkörpern zu Füßen des hl. Evangelisten Lukas von Haus aus Ochsenköpfe waren. Und war das Ochsenfleisch einmal das bessere gewesen.

Den Schnitzern und Faßmalern, den Architekten und Bauherrn, ja selbst den Predigern war im Laufe der Zeit der Ochs auf der Kanzel zum Ärgernis geworden. Der feurige Dominikanerpater ließ sich nicht gern entgegenhalten: Heut hatten wir einen Ochs auf der Kanzel. Er war beleidigt. Es half nichts, daß der Herr Prälat ihn mit dieser Erklärung versöhnen wollte: »Ich meinte den Ochsenkopf des Evangelisten Lukas am Kanzelkorb, nicht dich, lieber Mitbruder. Sonst hätte ich gesagt: Heute hatten wir zwei Ochsen auf der Kanzel.« Aus dem Ochs wurde ein Stier, der Stier des Evangelisten Lukas.

Es gibt schöne Stierköpfe an unseren Kanzeln. Prämierte Zuchtbullenhäupter. Stiere, die jenem Jupiterstier, der sich unter die Herde der Jungstiere ge-

Einen feschen hl. Wendelin in Oberpfälzer Tracht sehen wir am Seitenaltar der Kirche in Götzendorf bei Eggolsheim in der Oberpfalz. (Foto: Hermann Reichmann)

X

Der heutige Hochaltar mit einem bühnenähnlichen Relief, das die Szene mit der gejagten Hirschkuh zu einer Tierpredigt des hl. Franz erweitert. Arbeit des Wiener Bildhauers Josef von Führich (1900). (Foto: Hermann Reichmann)

◁ *Hl. Aegidius mit Hirschkuh. Altarblatt des verschwundenen Modleraltares in Malching. Spätes 18. Jh. (Foto: Hermann Reichmann)*

Christian Wink. Deckenfresko in Reichersberg im Innviertel (1779). Der Erzengel Michael erscheint auf dem Berg Gargano im Jahr 493 dem Bischof Laurentius. Und der wilde Stier, vielleicht der Urstier Mithras, wird von einer sich öffnenden Bergspalte verschlungen. (Foto: Hermann Reichmann)

J. Georg Buchauer. Der hl. Georg reitet gegen den Tatzelwurm. Niederndorfer Pfarrkirche (1885). (Foto: Hermann Reichmann)

mischt hatte und der jungen Königstochter Europa so sehr gefallen hatte, daß sie sich schließlich auf ihn hinaufgesetzt hat, nicht nachstehen.

»Sein Hals strotzt vor Muskeln, die kleinen Hörner sind durchscheinend wie Edelsteine«, heißt es bei Ovid. Und die Stirn des lieben Bullen hat nichts Drohendes, das Auge nichts Furchterregendes. Seine Miene strahlt Frieden aus. Da staunt Agenors Tochter Europa. Sie nähert sich ihm und hält ihm Blumen ans schneeweiße Maul. Da freut sich der sich in diesen Stier verwandelte und in die junge Europa verliebte Gottvater Zeus »und küßt ihr in der Vorfreude auf die erhofften Wonnen die Hände und kann kaum das Weitere noch aufschieben,« dichtet Ovid.

Der Stier legt sich in den Sand und die Königstochter sitzt auf. Doch der verzauberte Gott entführt sie nun übers Meer. »Mit der Rechten hält sie sein Horn fest, die andere Hand des Mädchens aber ruht auf dem Rücken. Ihr flatterndes Kleid bauscht sich im Winde ...«

Eine schöne Geschichte! Kein Evangelium, sondern eine alte heidnische Göttersage. So etwas braucht man nicht glauben, auch wenn Europa von diesem leichtfertigen Mädchen den Namen hat. Sich auf einen fremden Stier setzen? Tut man nicht. – Gott sei Dank ist das nur noch ein Mythos! Geblieben ist allenfalls ein Mythologem der göttlichen Liebeskraft und Liebessehnsucht. Natürlich der körperlich-irdischen Liebes-Begierden. Da wir aber einer entmythologisierten Generation angehören, haben wir für das Poetische auch der irdischen Liebe keine Märchen mehr zur Verfügung. Das Automobil hat den göttlichen Stier verdrängt. Und übertrumpft eine Flugreise in die Prächtigkeit eines orientalischen Ferienparadieses schon wieder die Fahrt nach Italien. Märchenhaft schön bleibt die Liebe.

Sagen Sie nicht, daß der Ochse dem Evangelisten Lukas lieber gewesen ist! Auch Ochsen waren einmal junge Stiere gewesen. Sie mußten ihre Zeugungskraft der Sanftmut und Milde opfern. Wurden Zugochsen am Wagen des Königs. Nur Ochsen durften bei den alten Kelten den Königswagen ziehen. Der Ochs war also Jahrhunderte über ein königliches Tier gewesen. Seine Beschneidung gehört auch zu den Mythologemen, die heute niemand mehr verstehen kann. Automotore werden nicht kastriert, können nur gedrosselt werden, gestoppt vor den Ampeln und den Verkehrsstauungen.

Ein Urbild der Männlichkeit bleibt doch der Stier. »Es ist der Stier, der Erde trägt und Himmel«, heißt es in einem indischen Hymnus. Und die Hörner sind nicht das Wichtigste an seinem Körper.

Eine schwer deutbare Szene finden wir auf dem Deckenfresko von Christian Wink in der Stiftskirche der Augustinerchorherrn von Reichersberg. Der Erzengel Michael erscheint anno 493 dem zuständigen Diözesanbischof Laurentius von Sipontum. Und der furchtbar wilde Stier, der schon so viel Unglück angerichtet hat, kann endlich vernichtet werden. Wer war dieser wilde Stier an der felsigen Ostküste Apuliens? Ein letzter Nachkomme des wilden Minotaurus? –

Mit dem Minotaurus geht die Geschichte von dem verliebten Gottvater Zeus und dem Königstöchterl Europa weiter. Zeus hatte sie als Stier entführt und dann, zurückgewandelt, hat er mit ihr den Halbgott Minos gezeugt, den König von Knossos auf Kreta. Dessen Gemahlin wird die schöne Pasiphaë. Da steigt aus dem Meer plötzlich ein Stier des Gottes Poseidon hervor. Der Meergott will, daß der König Minos dieses edle Tier ihm opfern möge. Aber König Minos weigert sich. Er, der Sohn der Europa weiland auf dem Stier, bringt es nicht übers Herz das schöne Tier zu töten. Da rächt sich der Meergott Poseidon. Er verwirrt das Herz der Königin Pasiphaë, daß sie sich in diesen Opferstier verliebt und von ihm ein Ungeheuer empfängt und gebiert, den Minotaurus, der zwar einen Menschenleib hat, aber einen Stierkopf trägt. Doch König Minos weiß sich zu helfen, er sperrt den Minotaurus, der am liebsten Menschen frißt, in sein Labyrinth ein, wo er ihm zur Nahrung jährlich sieben Jünglinge und sieben Jungfrauen aus Athen zum Fraße vorwirft.

Gottlob ist's nicht der Minotaurus, der in der Stiftskirche der Augustinerchorherrn in Reichersberg zu sehen ist. Der Minotaurus konnte ja von Theseus noch besiegt werden.

Vielleicht ist's der Opferstier des Mithraskultes? Ein gutes Menschenalter vor Christi Geburt haben römische Legionen diesen Männerkult aus Persien nach Rom gebracht und denselben dann in alle Garnisonen des Weltreiches verbreitet.

In Felsgrotten und Katakomben versammelten sich die Männer, nur Männer wurden eingelassen, zur mitternächtlichen Kultfeier des Gottes Mithras. Ein Höhepunkt dieser »Messe« soll die Enthüllung des Stierbildes gewesen sein, den Mithras tötet.

Sie kannten die ewige Glückseligkeit der Guten, verehrten die göttliche Trias von Jupiter, Juno und Neptun. Mithras war der »Mittler« zwischen Gott und Mensch. Sie kannten auch eine hierarchische Ordnung der Priester und sieben Weihen oder Sakramente, darunter eine »Vaterweihe«. Sie hatten eine Fastenzeit und übten verschiedene Kasteiungen am eigenen Leib. Und Mithras war auch in einer Höhle geboren worden.

Diese Ähnlichkeiten mit der Lehre der Christen brachten viele Überschneidungen, Irrlehren und ein langes Ringen der Kirche mit dem Mithraskult. Seine Überwindung dauerte bis ins dritte, ja vierte Jahrhundert. Gerade in abgelegenen Gegenden soll sich der Mithraskult am längsten gehalten haben. Bis eben der hl. Erzengel Michael erschien und den Mithrasstier in einem sich öffnenden Erdspalt verschlingen ließ. Es war höchste Zeit, denn der Stier hatte am Monte Gargano die Leut beunruhigt und gequält. Ein Jäger wollte ihn mit seinem Pfeilschuß töten. Der Pfeil prallte an ihm ab, flog zurück und tötete den Jäger. Auch diese Szene hat Christian Wink in seinem Fresko »simultan« dargestellt. Der Bischof mit dem Kapitel gehen dem hl. Erzengel in feierlicher Prozession entgegen. Heut noch wallfahren Hunderttausende zum Erzengel auf den heiligen Berg. Denn es kann so ein wilder Stier auch Krieg bedeuten.

Bis vor kurzem hatte jeder Bauer seinen eigenen Stier. »Alte, wenn d'Bless stiere' werd, treibs net zum Hierangl umi, dem sein Stier is mir z'liaderlich«, schreit der Abgeordnete Filser noch seiner Bäuerin aus dem Abteilfenster der ersten Klasse zu.

Was ist mit den kräftigen Bauernstieren nicht alles passiert? Es hat Tote gegeben. »Zerst lampefrumm und nachand hätt er mi bald derdruckt, der Batzi, der grüabige!«

Als mein Großvater Witwer geworden war, ging er, nach verflossenem Trauerjahr, nach Rottau und sagte zum Erschtlbauern: »I hab ghört, du hättst an Stiern zu verkaufa?«

»Schon. Der is auf der Alm«, meinte der Bauer. Und weil der Großvater von den fünf Töchtern keine zu Gesicht bekam, fagte er noch: »Und deine Töchter nachand? Woaßt eh, daß i Witwer bin ...«

»Die san aar auf der Alm«, sagte der Erschtl. Und sie machten einen Almbesuch auf der Kampenwand. Der Großvater kaufte den Stier und heiratete eine der Töchter, die Maria, meine Großmutter.

In einem bescheidenen und abgelegenen Bauernwirtshaus saßen an einem Feierabend die Bauern um den Stammtisch. Da sprengte die Tür auf und ein wütender Stier pfauchte in die Stube. Die überraschten Ökonomen stiegen auf die Tische und retteten sich zum kleinen Fenster hinaus. Das Bild hab ich einmal als Votivbild gesehen. Und es ist mir in seiner gefährlichen Lustigkeit aufgefallen. »Maria hat in großer Not geholfen«, stand darunter.

Selber noch erlebt hab ich die Wette eines Bauern mit dem Hufschmied Jakl. Der Bauer z'Hub hatte einen schweren, herausgefütterten Stier im Kuhstall hängen, zu dem er sich selber nicht mehr in den Stand getraute. »Er wird jeden Tag böser«, seufzte der Huberbauer. »Dabei braucht er dringend das Huf-Ausschneiden.«

Der Hufschmied sagte sofort zu. Das sei ihm eine Kleinigkeit. Er habe schon »wildere Stiere« manikürt, witzelte er. Er brauche dazu keine Hilfe. Er würde den »Wastl«, so hieß das Ungeheuer, allein aus dem Stall führen, ihn im Hof an die Gredstange binden und der Wastl würde ihm seine Pfoterl hinhalten wie es ihm nicht einmal seine Bäuerin tät.

Sie wetteten vor vielen Augenzeugen um die damals respektable Summe von zwanzig Mark. Fürs Ausschneiden allein hat er nur sieben Mark verlangt. Sie patschten sich laut in die Hände. Die Wette war beschlossen. Und obwohl es Sonntag nachmittag war, hielt es den Schmiedjakl nicht mehr in der Wirtsstube. Er erhob sich, zog sich daheim geschwind um, nahm sein Werrkzeugkistl untern Arm und erklärte dem immer noch zechenden Bauern z'Hub: »Geh weiter, daß d'amal was siehgst!«

Als er den Stall betrat und den Stier auch nur von weitem ansah, pfauchte der zum fürchten und senkte sein wütendes Haupt, daß einem gleich Angst wurde, obwohl der Wastl schwere Ketten trug.

»Ein braver Bubi ist er«, sagte der Jakl und verließ den Stall, stieg aufs Rad und fuhr nach Brandlhub, wo sie gerade eine stierige Kuh hatten. Das muß er gewußt haben. Er ging zu dieser Kuh hin, rieb seine beiden Ärmel an ihrem Hinterteil und radelte dann wieder zum Huberbauern. Alle waren gespannt. Der Bauer hat schon gemeint, die zwanzig Mark gehörten ihm gewiß.

Jetzt aber ging der Jakl mit großer Sicherheit in den Stand und löste dem gefährlichen Stier die Ketten. Der ließ es sich plötzlich gefallen. Er war tatsächlich »lammfromm«, schnupperte und leckte dem Schmied die Joppe ab und ließ sich in den Hof führen. Die Prozedur der aufwendigen Maniküre ging geschwind über die Bühne. Jakl hat den Wastl auch wieder in den Stall geweist, angekettet und siebenundzwanzig Mark eingesteckt. Die Huberleut haben nur bewundernd geschaut.

»Ja no, bei den Stieren kommt es auch auf das Parfüm an«, lachte der Jakl. Er hat aber seinen Trick nicht erzählt.

Man kennt in der Kunstgeschichte den Stier von Weltenburg und den Urstier. Der Stier von Uri ist aber ein Mannsbild. Er bläst auf einem uralten Stierhorn zu Versammlung der Männer.

Stierkämpfer sind wahrscheinlich noch übriggebliebene Ministranten der Priester des Mithraskultes. »Gescherter Bauernstier«, ist eine grobe Beleidigung. Nicht aber »Rucksackstier«. So heißen heut die Tierärzt und das ist keine heilige Viecherei.

ST. GEORG

Eine Kirche ohne Heilige ist wie ein Stall ohne Vieh. Gottseidank sind unsere Wallfahrtskirchen voller Rösser. Manchmal reiten sie in voller Lebensgröße einem aus dem Hochaltar entgegen. Dann wieder sind sie auffällig vergoldet oder über die Maßen schön, tänzeln elegant in ihrer Altarbühne, kraftstrotzend und voll Fleisch.

Unvergeßlich bleibt einem der hl. Georg von Weltenburg. Mit seinem Schimmel sprengt er einem entgegen, stößt dem furchterregendem Drachen seine feurige Lanze in den Leib und errettet die Jungfrau. Dahinter Gottvater, seine Hand über Maria haltend, die der Schlange den Kopf zertritt. Das Geschehen umspannt Himmel, Erde und Hölle. Das schönste aber ist halt doch das Roß des hl. Georg. Ein edler Schimmel, der sich leicht reiten läßt, der trotz der dramatischen Szene, leicht dahintänzelt, den Kopf ohne Erregung dem Drachen zunickend, voll Sicherheit und zuverlässig bis in den Tod. Für so ein Roß ist jeder Kampf ein Spiel. Er allein ist die schönste heilige Viecherei.

Während des Konzils, als gerade die Kirche zu Weltenburg für einige Millionen restauriert worden war, stellte in Rom eine, mit der Purifizierung des Heiligenkalenders befaßte, Kommission fest, daß es den hl. Georg in Wirklichkeit nie gegeben hätte, daß er in das Reich der Fabel verwiesen gehöre und sein Fest in der Kirche nicht mehr offiziell gefeiert würde. Welch eine Aufregung in aller Welt! Millionen haben ihn zum Namenspatron. Ich durfte damals gerade die restaurierte Pracht im Fernsehen vorstellen. Beim Interview sprach ich den Herrn Abt Emmeram Gilg daraufhin an: »Jetzt haben Sie die Kirche so schön restauriert und haben aber keinen heiligen Georg mehr?«

»Doch, wir in Weltenburg, wir halten dem hl. Georg die Treue. Nur weil die Herren in Rom keine Taufurkunde des Heiligen gefunden haben, sollen wir unseren großen hl. Patron ins Reich der Fabel verweisen? Nein, der hl. Georg gehört zu Weltenburg und wir gehören zu ihm«.

Ein schönes Bekenntnis zum hl. Ritter Georg. Er ist der Drachentöter. Und gefährliche Drachen gibt es viele.

Wie der Weltenburger Bühnenaltar es zeigt, gehört zum hl. Georg die Jungfrau Maria. Obschon die rotbemäntelte Barockmadame im Vordergrund, die sich vor dem höllischen Lindwurm gerade so sehr fürchtet, die hl. Margarete sein soll. Eine Bedrohte ist sie jedenfalls, eine bedrohte Unschuld.

Schon im Mittelalter haben sich die Ritter zum hl. Georg vor allem der Unschuld angenommen und sich der Verteidigung der Mutter Gottes geweiht. Einer der ältesten und vornehmnsten Georgiritterorden ist der kgl. bay. Hausorden zum hl. Georg.

Der Orden ist mit päpstlichen Privilegien ausgezeichnet wie der deutsche, geht auf die Kreuzzüge zurück und bekam von König Ludwig II. am 17. April 1871 neue Statuten. Der Märchenkönig verlangte von jedem Mitglied ein eigenes großes Werk der Christlichen Barmherzigkeit. Viele der Prinzen und Hoheiten stifteten daraufhin Krankenhäuser und Pflegeanstalten.

Neben den Prinzen und hohen Herrn des Adels gehörten auch Bischöfe und Prälaten zu den Georgirittern. Großmeister war Seine Majestät der König. An den hohen Festtagen des Ordens, also besonders an den Marientagen, erschien er im Hermelinmantel, in der prächtigen, Ehrfurcht gebietenden, Tracht eines Großmeisters des Georgiritterordens. Noch die Enkel schwärmen von dem faszinierenden Anblick, den die Großeltern erlebt haben. Wie der hl. Georg hätte er ausgesehen.

Beim zeremoniellen Festbankett in der Residenz, konnte jedermann, der sich in die lange Schlange der Wartenden einreihte, den König sehen. Man schritt durch die Räume der Residenz, geleitet durch ein Absperrseil der Hartschiergarde und kam endlich in den Georgirittersaal, wo der König nach dem Zeremoniell von den Prinzen und den Komturen des Ordens feierlich bedient wurde. Man durfte freilich nicht stehen bleiben. Die Hartschiere flüsterten fortwährend ihr diskretes »nicht stehen bleiben weitergehen!«

Die Hauptaufgabe eines Georgiritters war die Verteidigung des Glaubens und besonders die Verteidigung der Ehre der Unbefleckten Empfängnis der Mutter Gottes. Der Orden besteht übrigens in der Familie des bayerischen Königshauses mit allen Zeremonien heute noch.

Schön sind die vielen Umritte, die zu Ehren des hl. Drachentöters, veranstaltet werden. Als diese Umritte zu Beginn der fünfziger Jahre abgekommen sind, haben sich die alten Bauern fast gefürchtet von den kommenden Zeiten. Wenige haben, um die Erhaltung so einer althergebrachten Pferdesegnung gekämpft. Konflikte sind entstanden. Ich selber habe so eine Auseinandersetzung erlebt, wo der Austragbauer mit seinem wenigen Geld die von dem Sohn verkauften Pferde vom Viehhändler wieder zurückgekauft hat, damit wenigstens in seinem letzten Lebensjahr der Umritt noch hat gehalten werden können. Weil der Pfarrer bestimmt hatte, wenn weniger wie zwölf Rösser zusammen kommen, fände die Pferdesegnung nicht mehr statt. Sondern dafür eher eine Traktorsegnung. Ich habe darum 1952 ein Hörspiel geschrieben: »Die Bulldogbraut«. Es war das erste Hörspiel, das der Bayerische Rundfunk von mir gesendet hat.

Als Bub bin ich vor dem Krieg noch auf manchen Umritten mitgeritten. Eine mords Viecherei war der Umritt in Kirchstetten gewesen, wo der beste Bauernreiter, der ehemalige kgl. bay. Chevauleger und heutige Roßknecht, die Fahne hat tragen dürfen und aber dann jedesmal vom Gaul gefallen ist. Weil es entweder mit dem Wirt und dem Pfarrer ausgemacht war oder weil es die Burschen darauf abgesehen hatten und rossige Stuten zutrieben. Und weil der Sepp vielleicht auch schon etwas getrunken hatte. Es war eine Gaudi und die Pfarrei hatte für etliche Tage wieder ein Thema.

Umritte wurden nicht nur zu Ehren des hl. Georg gehalten, wenn die Georgiritte auch die ältesten sind. Ein noch größerer Pferdepatron ist ja der hl. Leonhard.

Auch zu Ehren des hl. Erzengel Michael wurde geritten. Oder zu Ehren des hl. Laurentius und selbstverständlich zu Ehren der hl. Jungfrau Maria und des hl. Martin. Es gab kaum eine Pfarrei, in der es nicht einen Pferdeumritt gegeben hätte. Ob sich die Landmaschinen- und Autosegnungen so lange halten werden?

Den Rossen und Kühen ist es in alten Zeiten meistens gut gegangen. Niemand dachte an einen Tierschutzverein. Das Wohlergehen der Haustiere lag den Bauern mehr am Herzen wie die Gesundheit seiner Kinder. Hatte der Bräunl einmal einen unruhigen Schlaf und schlug dabei aus, traf die Standsäule, daß es gepumpert hat, ist der Bauer aus dem Schlaf gefahren und in den Roßstall gerannt. »Der Bräunl wird doch nicht die Haarwinden kriegen?« Gleich wurde er zugedeckt und bekam ein Schöpferl Hafer vorgeschüttet. Frißt er es mit Genuß, fehlt's noch nicht so weit. Frißt er es nicht, muß die Bäuerin gleich einen Hafen voll Leinsamen aufwärmen.

Weil ich grad von so einem Lieblingsroß wie unserem Bräunl erzähle, der war schon ein besonderer Sonderling gewesen: Er fraß dem Roßknecht die Brotzeit aus der Joppentasche. Führte ihn ein Neuling zum Anspannen, machte er größere Schritte und man mußte Angst haben, daß er einem auf die Zehen tritt. Er zeigte gern die Zähne und schnappte einen mit den Lippen. Kamen fremde Rösser vorbei, konnte er besonders laut wiehern. Bei der Feldarbeit legte er Wert auf eine genaue Pünktlichkeit. Hörte er z. B. die Dachglocke zum Essen schellen, ging er gerade noch bis zum Ackerrain, war aber nicht mehr zu bewegen, nochmal einzukehren und eine neue Furche anzufangen. Es mußte ausgespannt werden. Es war Mittag, er wollte in den Stall. Das stand ihm zu. Hätte man ihn jetzt mit der Peitsche zur Weiterarbeit gezwungen, er hätte sich hingelegt und gewaltig protestiert, das Geschirr zerrissen und über die Stränge geschlagen. Kein Mensch mehr hätte nach der Dachglocke mit ihm arbeiten können. Obwohl es eine Pferdegewerkschaft nicht gegeben hat. Er hielt sich an seine Roßtarifhoheit nach angeborenem Instinkt. Pferde zu schlagen galt als Schande, als ein Makel, den einer nicht mehr ablegen konnte.

Hätte doch der hl. Georg, der Schutzpatron aller Krieger, die Streitrösser beim Kommando »Lanzen in die Lenden!« öfters streiken und sich hinlegen lassen!

Eine der ersten Werke der Christlichen Barmherzigkeit, die seine vielliebe Majestät, König Ludwig II. von Bayern, vollbracht hatten, war die Gründung eines Tierschutzvereins gewesen. Unmittelbar nach seiner Thronbesteigung hat er im Sommer 1864 den vielverlachten Münchner Rechtsanwalt Johann Ignaz Perner zum Hofrat erhoben und auch das Protektorat über dessen kleinen Verein übernommen. Daran wird viel zu wenig erinnert. Perner hatte seinen Verein schon in den vierziger Jahren gegründet. Waren seine Mitglieder auch nur etliche Damen und Herrn der Gesellschaft gewesen, der Großfiaker und Rennstallbesitzer Krenkl soll bereits Gründungsmitglied gewesen sein.

»Unser König ist ein Tierfreund«, hat der damalige Generalkapitän der Hartschiergarde dazu gemeint, »er hat ein Herz für die armen Hunde und will auch die Todesstrafe abschaffen.«

Eine Merkwürdigkeit sei noch vermerkt. Ausgerechnet die kgl. sächsische Gesellschaft der Wissenschaften, hat z. Zt. König Ludwigs II. von Bayern , eine umfangreiche Arbeit ihrer historischen Klasse veröffentlicht: »Der hl. Georg, eine Nachbildung des Mithraskultes im frühen Christentum«. Auch der Arianismus wird da hineingezogen und viel ist die Rede von einem »arianischen Bischof Georg von Kappadokien«, der im Jahre 361 verstorben sein soll. Jedenfalls hat es bereits um 500 viele Georgikirchen gegeben.

St. Georg gehört auch zu den 14 Nothelfern. Er hilft natürlich am liebsten den alten Rittersleuten in der Not des Krieges. Aber man kann ihn auch anrufen, daß der Krieg gar nicht erst ausbricht. Natürlich ist der hl. Märtyrer und gewesene römische Ritter, kein direkter Friedensapostel. Zu viele Kriegsheere hatten ihn zum Schutzpatron gewählt. Auch Richard Löwenherz, der König von England, zog unter St. Georgs Fahne ins Heilige Land.

Bauern und Harnischklempner, Pferdehändler und Hufschmiede machten ihn zu ihrem Patron. Er ist der Schutzherr von England und Rußland. Der Patriarch von Konstantinopel hat seinen Thron in der Georgsbasilika. Die Dardanellen waren einmal nach ihm benannt. Und auch die Pfadfinder sammeln sich unter seinem Banner. Als Drachentöter und hoch zu Roß bleibt er der Patron christlicher Ritter und Idealisten. Wenn nur seine Ideale nicht zu hochgeschraubt werden, daß aus seiner leuchtenden Gestalt kein Don Quijote wird, keine heilige Viecherei! Es ist genug, daß schier jeder hl. Georg seinen Drachen hat.

Vielleicht kommt das daher, daß der hl. Georg, einer der großen Frühlingspatrone, auch ein Heiliger der ehrbar und getreuen Liebesleute ist. Er hilft den Verliebten im Kampf um eine baldige Hochzeit. Und daß die Braut diesen Ehestand als Jungfrau betreten könne.

Schorsch und George, Jörg, Girgl und Schos, Schorschla, Schurl und Girgei werden auf der ganzen Welt des hl. Drachentöters Schutzbefohlenen genannt. Dazu kennt man noch die Georgine und die Schorschette.

Sein Martyrium war grausam. Im Rang eines persischen Reiteroberst wurde er gleich fünfmal hingerichtet. Er wurde gerädert, gestreckt, gehenkt, geköpft und gevierteilt. Darum wird er auch in fast ebensovielen Kirchen als Patron verehrt wie die Mutter Gottes. In der Diözese Passau gibt es 22 Georgikirchen. Darunter die von Gern und jene von Raitenhaslach. – In Regensburg sind ihm fünfzig Gotteshäuser geweiht. In Winzer und Gerzen und in Schwabelweis.

Auch in der Diözese Ausgsburg kennt man um die fünfzig herum. In Freising sogar an die neunzig. Der Bamberger Dom war ursprünglich eine Georgs-Kathedrale. Ergreifend ist sein Martyrium in Amberg dargestellt.

Der Asamschüler Adam Müller hat dieses Deckenfresko geschaffen. Das Rädern und Enthaupten des Heiligen ist ihm besonders ergreifend ausführlich gelungen. Daneben setzt er musizierende Engel hin, Geiger und Gitarristen, Flötisten und Harfenisten.

Diese Amberger Sankt Georgs-Kirche fällt einem äußerlich schon auf mit dem gewaltigen kräftig-vierschrötigen Turm, der doch eine bewunderswerte Gliederung aufweist und mit romanischer Gedrungenheit in den Himmel weist.

In allen Diözesen wird St. Georg hochverehrt. Und was bedeutet das Wort Georg? Ho Georgos – tu georgu, heißt im Griechischen der Bauer, der Landmann. Also der Bauerngirgl, der Schorschla.

Vor lauter heiligen Georg dürfen wir den Drachen nicht übersehen. Das Roß kann fehlen, der Drache nicht.

Man kann die höllischen Drachen unserer Schnitzer und Maler gar nicht genug bewundern. Den Rachen aufgerissen, speien sie Feuer und Pestilenz. Sie geifern und schlagen gefährlich herum mit ihren Schwänzen. Gefährliche Pranken und Krallen haben sie an den unförmigen Pfoten. Sie verkörpern das Böse schlechthin. Gräußlicher kann man es nicht darstellen, das Böse. Aber unsere heiligen Georgii werden mit ihnen allen fertig. Die Lanzen bohren sie ihnen in den Leib.

Nicht zufällig feiern wir den Georgitag im aufziehenden Frühling. Die Saaten reifen heran. Die Welt wird jeden Tag grüner. Die Erde tut sich auf. Der Winter ist bezwungen. – Früher sind um diese Zeit, beonders in manchen Gebirgstälern und auch im Allgäuischen, die Jörgenscheller umgegangen und haben es scheppern lassen. Da wurde dann noch einmal der Winter engültig ausgeläutet.

Einen Teufel hat der Georgentag doch gehabt: Nach altem Aberglauben haben am Girgntag die Hexen und Zauberer eine besondere Kraft. Es kann dir ein böser Mensch einen Hexenschuß anwünschen. Oder noch eine schlimmere Krankheit.

Drum soll man am besten vor Georgi noch mit allen seinen Feinden wieder gut werden, daß einem ja keiner etwas schlimmes wünscht!

Sogar die Druden werden am 24. April wieder von ihrer drückenden Sucht übermannt, von der sie den Winter über befreit waren. Und sie müssen nachts aufstehen, sich in den Hühnerstall, den Kuhstall oder Schweinestall – oder gar in den Pferdestall schleichen und eine Henne, einen Gockel, ein Kälblein, ein Ferkel oder eine Kuh, ja ein Roß erwürgen!

Doch haben sie es selber gar nicht gewußt. Sie haben alles schlafwandlerisch getan. Eine Drud ist natürlich keine Hexe. Drud muß ein junges Mädchen sein von sechzehn-siebzehn Jahren, die nicht richtig getauft worden ist. Wenn der alte Herr ein lateinisches Wort falsch ausgesprochen oder vergessen hat, wenn ein junger Kooperator die Zeremonien noch nicht recht können hat, dann hat aus dem Dirndl eine Drud werden können. Nur durch die Geburt eines unehelichen Kindes konnten sie geheilt werden.

Heiliger Girngn g'acht,
Hast den großen Wurm umbracht,
Steh auch uns Sünder bei,
Mir und mein'm Wei'!

ST. LEONHARD

Sankt Leonhard hilft meist im Stall, manchmal aber überall! Er ist bei uns der große Roßheilige und wurde manchmal sogar schon überspitzt »der Bauernherrgott« genannt. Recht viel mehr Votivbilder hat nicht einmal die heilige Mutter Gottes bekommen wie dieser liebenswürdige Benediktinerabt von Noblac bei Limoges.

Man muß die Leonhardifahrt in Tölz erleben, um von der Größe des Heiligen Abtes eine Ahnung zu bekommen. Über hundert Festwägen fahren mit. Die Rösser sind hergerichtet wie zu einer Fürstenhochzeit, sind aufgezäumt mit den schönsten Geschirren, haben die Mähnen und Schwänze eingeflochten, die Hufe eingeschmiert und spüren es selber, was der Tag bedeutet.

In der Leonhardiprozession in Aigen am Inn reitet manchmal gar der Bischof von Passau mit. Und auf einem der Festwägen steht der hl. Leonhard. Nicht als geschnitzte Figur, nein, als lebendiger Abt, dargestellt von einem besonders braven Burschen, der aber ja nicht lachen darf, obschon ihn manche Spitzbuben dazu verleiten wollen.

Hauptorte der Leonhardiverehrung sind aber nicht nur Tölz und Aigen, Grongörgen und Kirchstein, sondern ist besonders Inchenhofen bei Aichach. Bald nach der Stiftung der Zisterzienserabtei Fürstenfeld, anno 1258, durch Herzog Ludwig dem Strengen, zur Sühne für die Enthauptung seiner Gemahlin Maria von Brabant, ist die Wallfahrt Inchenhofen an das Fürstenfelder Kloster gekommen. Darum ist diese Kirche auch so schön und großartig, denn die Fürstenfelder Äbte waren die Bauherrn.

Alles überstrahlend fällt einem gleich der auf dem Hochaltar thronende hl. Leonhard in die Augen. Ein eindrucksvoller Barockaltar mit vielen Engeln, von einem Schrobenhausener Schreiner Wüst. Aber, wie man annehmen darf, nach Plänen des Egid Quirin Asam, des Schöpfers des St. Georgialtares zu Weltenburg.

Der in Inchenhofen gebürtige Ignaz Baldauff hat die farbenprächtigen Fresken gemalt, die das Leben des hl. Abtes darstellen. In den Seitenschiffen kann man seine Wundertaten bestaunen.

Begegnen sich einmal zwei Leonhardipfarreien im Gegenzug, beide betend und singend zum hl. Leonhard. »Wo aus denn, liebe Inchenhofener?«

»Wir machen zu euerem Leonhard eine Wallfahrt« – Warum das, fragen die von Aigen zurück und bekommen die Antwort: »Mein, der unser is guat für d'Roß, aber der euer ist besser für die Küh.«

Leonhardi, i bitt,
hab a Freud an dein'm Ritt!
Und wannst uns die Stuatn und Hengst
heut a weng gsengst!

Der hl. Leonhard ist eine gütige, freundliche, eine lichte Gestalt. Im sechsten Jahrhundert schon soll er in Nobiliacum bei Limoges als Einsiedler gelebt haben. Der hl. Remigius von Reims hat ihn erzogen. König Chlodwich hat ihn so verehrt, daß er es ihm freistellte, nach Belieben die Gefangenen des Königs im Kerker zu besuchen und sie frei zu lassen. Er sollte Bischof werden, zog aber das Einsiedlerleben vor.

Auf der Jagd kommt einmal König Chlodwich in die Nähe von Leonhards Einsiedelei. Die ganze Jagdgesellschaft ist dabei und auch die hochschwangere Königin. Ihre Stunde naht und sie muß im Wald entbinden. Der König bittet St. Leonhard um Beistand. Und dieser rettet die Königin mit seinem Gebet, so daß alles gut geht. Das Gebet des Heiligen beruhigt die Königin sehr.

Darauf schenkt ihm der König den Wald und baut ihm das Kloster Nobiliacum.

St. Leonhard hat sich bis an sein Lebensende um die Gefangenen gekümmert und viele von ihren Fesseln befreit. Daneben ist er aber auch der Patron für die Haustiere geworden, zusätzlich der Schutzbefohlene für die Gebärenden.

In Bayern wurde er schon im neunten und zehnten Jahrhundert verehrt. Als Viehpatron und als Geburtshelfer. Auch die in Gefangenschaft Geratenen flehen ihn um Hilfe an. Und die Leut ehren und danken ihm, nicht mit Kerzen, sondern mit eisernen Ketten und eisernen Figuren, die Sie ihm als Weihegaben zu Füßen legen.

Manche Leonhardikirchen wurden früher mit eisernen Fuhrmannsketten umgeben. Dem Heiligen zur Ehr werden die eisernen Votivgaben, besonders die schwereren, geschutzt. Man nannte es im Oberland »Liendl-Schutzen«, in Aign am Inn aber »Würdinger-Schutzen« oder »Über Kopf werfen.«

Die Bäuerinnen hatten früher ein unglaubliches Vertrauen zur Fürbitte des Viehpatrons. Sie kamen zu ihm sogar mit dem Federvieh, trugen Hennen um den Altar, auf daß sie wieder besser Eier legten. In Aigen am Inn konnten die Pferde, die unter der Turmkapelle hindurchgeritten wurden, ihren heiligen Patron durch das rückwärtige Fenster auch anschauen.

Votivtafeln zeigen auf naiv gemalten Szenen die Dankbarkeit der Bauern. So viel Vertrauen hat heut niemand mehr zum Tierarzt.

An der Chorbrüstung in Aigen sehen wir St. Leonhard als Brunnenfigur. Und es kommen und trinken aus seinem Brunnen die durstigen Roß und Küh, die Schaf und Geißen, sie kommen zu ihm, er kann sie erquicken.

Auf dem Leonhardialtar in Asbach – im Rottal bei Bad Griesbach – zeigt der berühmte Kremser Schmidt, um 1781, wie der hl. Leonhard den Segen des Himmels herab fleht. Über die Mutter Gottes. Und wie dann ein lichter Engel, der himmlische Freund des Heiligen, wie der diesen Segen dem Viehstand vermittelt, herunterträufelt. Es bekommen ihn Roß und Schafe und Ziegen. Und zwei besonders geglückte Rokokokühe. Die darob so froh sind, daß jedermann, der so einer Kuh eine Minute lang in die Augen schaut, gesund wird, an welcher Krankheit er auch leiden mag.

Ich hab dieses gesegnete Asbacher Altarblatt auf den Umschlag dieses Buches reproduzieren lassen. Wodurch St. Leonhard auch diesem Machwerk seinen Segen geben möge! Gebete und Verse zum hl. Leonhard kennt man viele.

»Heiliger Leonhard steh uns bei,
halt unsern Stall von der Viehseuch frei!
Laß aa beim Nachbarn nix verrecka
braucht er auch öfters die Viehdökta!

Beim »Liendl-Schutzen« soll einmal eine kuraschierte Bauerndirn mit den starken Mannsbildern um die Wette die schweren eisernen Leonhardifiguren geschutzt haben. Und sie hat die größten Brocken weiter geworfen wie die stärksten Helden es konnten.

Ein merkwürdiger Brauch, dieses »den Würdigen-Schutzen«. So ein eiserner Leonhard konnte zwei Zentner wiegen. Nur ein reiner Bursch kann die Statue des Heiligen heben, wiegen und werfen. Er würfelt sich dadurch den besonderen Schutz des hl. Leonhard. An die starke Dirn hat sich keiner herangewagt und sie ist eine alte Jungfrau geworden.

Zu Großvaters Zeiten hatten wir einmal den Rotlauf im Saustall. Schon die kleinen Ferkl waren ganz rot geboren worden. In der Not gelobt der Großvater eine Wallfahrt zu einem nicht allzuweit entfernten Leonhardikirchlein. Er würde einen Taler in den Opferstock legen und auch noch eine Votivtafel malen lassen. Und fleißig ist es im Schweinestall wieder besser gegangen.

Dankbaren Herzens bestellt er beim Feichtlmaler eine Tafel, erzählt dem auch die Schrecklichkeit der Seuche und daß die Sau schon rotläufige Ferkel geworfen hätte. Wie er die Tafel holen will, schämt er sich. Die Nachbarn, der Lehrer, der Wirt, sogar der Herr Pfarrer würde lächeln, denkt er sich. Und er bittet den Maler, den Namen doch wieder weg zu machen. Auch das Anliegen soll er lieber nicht beschreiben. Der Feichtlmeister hat nämlich der brennrot gefärbten Muttersau sieben säugende Fackln gegeben, von denen ein jedes noch auffälliger rot angestrichen war.

Das Bild gefiel dem Großvater gut. »Genau a so is gwen, dös hast guat troffa. Aber die Gschrift kann net bleibn.«

Es stand nämlich da geschrieben: Dem Moarbauern hat die Loas sieben rotläufige Fackln geworfen. St. Leonhard hat geholfen, heunt sind sie wieder weiß. Anno Domini 1894. Dazu die Adresse des Danksagers.

Der Feichtlmaler war mit der Änderung einverstanden, verlangte dafür um ein Fuchzigerl mehr und änderte den Text. Es war nun auf der Tafel, die der Großvater tatsächlich in dem abgelegenen Leonhardikirchlein aufgehängt hat zu lesen: »Tausend Dank dem hl. Leonhard für seine Hilfe in einem gewissen Anliegen.«

Sankt Leonhard vor dem Himmelstor,
Wir reiten dir heut die Rösser vor.
Und kommen wir einst zu Fuß herauf,
Mach uns die Himmelstür dann auf!

HEILIGE HIRSCHE

(Hubertus, Eustachius und Aegidius)

Das jagerische Lebn ist eine Freud. Dem Wild nachstellen und es endlich erbeuten, Töten und als Sieger dastehen vor dem flüchtigen Hirsch, dem wilden Bär, dem gefährlichen Wolf. Nicht jede Pirsch ist gut ausgegangen.

Vor Jahrhunderten ist das Jagen ein Abenteuer gewesen. Der jägerische Urinstinkt steckt heut noch in mancher Brust. Freilich, die meisten Naturen sind weicher, milder, vernünftiger und bequemer geworden. Man ißt das Wildbrat lieber im Restaurant, bezichtigt die Jäger etwas mißachtend beinah der Inhumanität und Rohheit.

Allzuviel Studium und Kunstbesessenheit wirken dem Jagdeifer entgegen. Auch König Ludwig II. hielt nicht viel von der Jagerei. Als Kronprinz wurde er von dem zur Hofjagdintendanz gehörigen Revierförster Roth in Obermenzing zum Jäger ausgebildet. Die Jagdlehrstunden standen auf dem Stundenplan des Prinzen. Er war erst sechzehn Jahre alt. Eine Treibjagd wurde abgehalten. Die Obermenzinger Jagd war berühmt wegen seiner vielen Hasen. Die Treiber trieben sie dem Kronprinzen in Scharen zu. Aber Ludwig schoß nicht.

»Hoheit, jetzt schießen'S doch endlich einmal«, schimpfte der Förster. Da schoß unser späterer Märchenkönig in die Luft.

Der Revierförster Roth war verzweifelt. »Himmeldonnerwetter, Hoheit, da läuft der Has und da läuft der Has, net in der Luft!«

»Was hat mir der Has getan, daß ich ihn totschießen soll?« antwortete endlich Ludwig. Die greise Tochter des Försters, Fräulein Roth, hat mir die Geschichte in die Fernsehkamera erzählt.

Und Prinz Otto sei nicht im Jagdanzug, sondern in schwarzer Trauerkleidung zur Hasenjagd gekommen.

Es gibt lustigere Weidmannsgeschichten. Fast eine jede hat eine derbe Pointe. Etwa die Geschichte einer getrockneten Fuchsleber, die der verschmähte Liebhaber der Wildschützenbraut in die Hochzeitssuppe streuen läßt und zwei Stunden später alle Hochzeitsgäste mit einem fürchterlichen Durchfall plagt. Oder jene Walpertinger Episode, wo ein junger Chirurg, der eben die Jägerprüfung bestanden, auf einen Walpertinger ansitzen muß – zur traditionellen Gaudi der erfahrenen Jagdfreunde. Und der nun beim Morgengrauen die kaum eingeschlafenen Zechkumpane aus dem Schlaf rüttelt und einen tatsächlichen, lebendigen und echten Walpertinger aus dem Fangsack herauszieht. Er hat einem Hasen ein Rehgwichtl aufoperiert, um die Lacher nun auf seiner Seite zu haben.

»Der Hase hat nichts gespürt, Herr Vorsitzender, ich habe ihn unter Narkose operiert ...«

Es hat ihm nichts geholfen, er mußte 1000 Mark in die Kasse des Tierschutzvereines bezahlen.

Lustiger sind die homerischen Gesänge in Jägerlatein. Mit einer Kugel hab ich drei Rebhühner erwischt ...

Der Mann kann sich nicht messen mit der Geschichte des hl. Hubertus, des offiziellen Patrons der Jäger.

Der hl. Hubertus, der spätere Bischof von Lüttich, war in seiner Jugend ein unersättlicher Waidmann gewesen. Bolandus sagt von ihm wörtlich: »Er liebt die leichte Unterhaltung mit gefallsüchtigen Schönen, eine stets schwere Tafel, viel Wein und die Jagd.«

Auch an Sonntagen, während des Gottesdienstes, ist er in die Wälder geritten. Floribane seine liebe Frau, konnte ihn nicht einmal in der hochheiligen Christnacht zurückhalten. Worüber sie schließlich auch gestorben ist. Das war ungefähr Weihnachten anno 688 am Hofe des Frankenkönigs Dagobert gewesen. Jetzt wurde seine Jagdleidenschaft noch größer. Da erschien ihm, wieder in der Mettennacht, da er voll des Jagdfiebers mit seiner Armbrust auf einen Hirsch anstand, ein großer weißer Edelhirsch mit einem Kruzifix zwischen dem gewaltigen Geweih. Und Graf Hubert beugte die Knie und änderte seinen Lebenslauf. Denn es war ihm, als rief ihm der Hirsch zu: »Hubertus, halt ein mit deinem Leben! Sauf und friß nimmer so viel! Halt dich zurück mit der Jägerei auf Reh und Hasen und Füchs! In der Ewigkeit zählt das alles nichts!«

Hubertus wurde daraufhin ein anderer Mensch. Er ging zum seligen Bischof Lambrecht nach Maastrich und wurde schließlich dessen Nachfolger. 727 verstarb er in der Nähe von Brüssel.

Schon hundert Jahr nach seinem Tod war er der Patron der Jäger, und seit 1444 ist er der Ordensheilige unseres bayerischen Königshauses.

Im Jahre 825 kamen seine Gebeine in das Kloster, das seinen Namen trägt, nach St. Hubert. An seinem Namenstag wird dort jedes Jahr eine großartige Jägermesse zelebriert, wobei sogar die Jagdhunde in die Kirche dürfen.

Christian Jorhan (1727–1804). Das von den Tabernakelenglein umkoste Lämmlein, das Lamm Gottes, in Altenerding (oben, um 1757) und in Maria Thalheim (unten, um 1760). Ein junges Schaf wird zum Symbol des Erlösers: die lieblichste aller hl. Viechereien. (Foto: Erika Drave)

Starnberg, St. Josef. Kanzel von Ignaz Günther (1765). Der Stier als Konsole muß die Kanzel tragen, und die gebreiteten Flügel des Adlers werden zum Schalldeckel. (Foto: Erika Drave)

Gelbersdorf bei Gammelsdorf. Hochaltar-Relief von Heinrich Helmschrot. Landshuter Schule 1482. Jesu Geburt mit glücklichem Esel und heiligem Ochs, die das Christkindl anhauchen dürfen. »Ehre sei Gott in der Höh«, jubilieren durch die gotischen Fenster zwei Engel. Die Mutter Gottes eine Schönheit aus der Holledau. (Foto: Erika Drave)

Franz Jakob Schwanthaler (1760–1820). Oben: Saulus wird zum Paulus, unten: Die Bekehrung des hl. Hubertus. Vollplastische Reliefs aus Lindenholz, eine Jugendarbeit Schwanthalers aus seiner Salzburger Zeit (1778). Feine Arbeiten, die noch dem Rokoko verhaftet sind. Ergreifend die Erregung des Apostels Pferd. (Dommuseum in Salzburg)

Tünzhausen bei Allershausen. Teil des Deckenfreskos: St. Leonhard. Vor einem Altar opfert ein Priester die Herzen der Tiere und Menschen dem hl. Leonhard, der über den Engeln schwebt. Pferd, Kuh, Schafe, Ziegenböcke und ein gefährlich blickender Stier fehlen nicht, aber kein Schwein ist zu sehen. Zuflucht sucht auch eine bäuerliche Familie aus der Zeit um 1750. Der Meister dieses originellen Freskos ist unbekannt. (Foto: Erika Drave)

Wappen des Abtes Bernhard Schütz (des Rokoko-Bauherrn 1746–1759) in der Pfarrkirche von Pflugdorf bei Vilgertshofen. Wahrscheinlich auch eine Arbeit von Joh. Bapt. Zimmermann oder dessen Sohn. Löwe und Adler sind die Wappentiere von Andechs, Kreuz mit Herz auf Bienenkorb symbolisiert den hl. Bernhard, den honigfließenden Theologen und Marienverehrer, und der fast heidnische Bogenschütze steht für den aus Wessobrunn gebürtigen Schütz. (Foto: Erika Drave)

Eitting am Isarkanal nördlich von Erding. Der hl. Georg rennt dem Tatzelwurm seine Lanze in den Rachen. Ein unbekannter Freisinger Künstler aus dem 18. Jh. hat im selben Kirchlein den hl. Egidius mit seiner besonders frommen Hirschkuh geschnitzt. (Foto: Erika Drave)

Andachtsbild »die gute Hirtin«. Eine hübsche Schäferin mit Rosenstrauß auf dem Steirerhütl und auf der Brust das Zeichen Christi als ein Herzensspiegel der Reinheit, das den Wolf mit einem Blitzstrahl verscheucht, das Unschuldslamm behütet und zugleich von ihm behütet wird. Tafel in St. Wolfgang in Thaining bei Landsberg. (Foto: Erika Drave)

In ihrer Verehrung für den hl. Hubertus lassen die Jäger nicht nach. Mit Jagdhörnern blasen sie ihre Jägermessen und ihren toten Jagdfreunden ein letztes Halali ins Grab.

Die Wildschützen fürchten den hl. Hubertus. Sie vertrauen sich eher dem hl. Ägidius an. Auch er hat mit einem Hirsch zu tun. Allerdings mit einer lieben, braven Hirschkuh, die den heiligen Einsiedler mit ihrer Milch, während der mageren Winterzeit, ernährt. St. Ägid hat gewiß auch mit der Jagd zu tun. Aber er ist weniger ein Patron der Jäger als vielmehr der Gejagten. Voll Mitleid steht er den getroffenen Tieren bei.

Eine schöne Kirche hat er zu Malching, an der Straße nach Passau. Sie hat gleich zwei Ägidiusdarstellungen, eine jüngere auf dem Hochaltar und das Blatt des Vorgängeraltares, eine überaus beeindruckende, fromme Szene aus der Mitte des 18. Jahrhunderts. Ein Andachtsbild. Die Himmelskönigin persönlich freut sich über die Tierliebe des hl. Ägidius, und das Jesuskind sträut Rosen auf den heiligen Einsiedler herab, dem seine gejagte Hirschkuh leid tut und für die er betet.

Ein Heiliger betet für ein Tier? Ein christenmenschliches Erlebnis!

St. Ägidius gehört zu den 14 heiligen Nothelfern. Mancher Wilddieb wird ihn schon heimlich angerufen haben. Die besonders strengen Gesetze mancher Salzburger Fürsterzbischöfe, die einem Wildschützen die Ohren abzuschneiden verhießen, forderten einen starken mitleidigen Heiligen, den man in größter Not hat anrufen können.

Anno 725 soll St. Ägid verstorben sein. Er war ein gebürtiger Grieche aus vornehmsten Haus. Er suchte aber plötzlich den abgelegendsten Winkel der Erde, eine unzugängliche Wildnis in den hinteren Wäldern der Provence. Er wollte keinen Menschen mehr zu Gesicht bekommen. Im Sommer konnte er von den Früchten des Waldes gerade leben. Aber im Winter? Er war schon am Verhungern, da kam eine Hirschkuh zu ihm in sein »Waldnest« und ließ sich von ihm melken. Und weil sie täglich gekommen ist, konnte er die Winter gut überleben. Der Herr hatte wunderbarerweise für ihn gesorgt.

Plötzlich drängte Jagdlärm durch den Wald. Der Westgotenkönig Wamba hielt eine wilde Hofjagd ab. Seine Jäger kamen immer näher. Sie verfolgten eine besonders schöne Hirschkuh. Die Meute der Hunde jagte das Tier bis in die Einsiedelei des Heiligen. Zitternd warf sich die Kuh vor die Füße des Heiligen. Und Ägidius streckte seine Hand aus, und die Hunde waren gebannt. Und nun gehen die Berichte der Ägidiuslegenden etwas auseinander.

Da die Hunde sich nicht mehr weiter wagten, schoß ein königlicher Jäger auf die brave Hirschkuh einen Pfeil ab, der die Kuh am Hals getroffen haben soll. Ägidius habe ihr das Geschoß aber herausgezogen und die Kuh sei, auf sein Beten hin, wieder gesund geworden. Da sei ohnehin König Wamba gekommen und habe ihm den Wald geschenkt. Ägidius mußte ein Kloster bauen und den ersten Abt abgeben. Auch hätte ihn der König zu seinem Beichtvater ernannt.

Die Version des gründlichen Legendenschreibers P. Aegidius Rambeck, Benediktiner in Scheyern, des Verfassers der vierbändigen Beschreibung der »Heiligen aus dem Benediktinerorden«, schildert die Szene etwas anders. Während der Jäger noch auf die Hirschkuh zielte, hätte Ägidius zu Gott gebetet, der surrende Pfeil möchte nicht die liebe Hirschkuh treffen, sondern eher ihn selber töten. Und tatsächlich hätte der Pfeil nun den Arm des Heiligen durchbohrt. Und während König Wamba sich nähert, hätte Ägidius das Geschoß aus der Wunde gezogen und die Wunde sei rasch zugeheilt. Rambeck weiß auch noch von einem zweiten Pfeil, der wieder der Hirschkuh gegolten hätte und den Einsiedler aber am Oberschenkel getroffen habe.

Jedenfalls haben beide überlebt, die Hirschkuh und der hl. Ägidius. Er zählt unter allen Heiligen doch als einer der tierliebendsten. Er müßte zum Patron aller Tierschutzvereine erhoben werden. Der geschnitzte Malchinger Führich-Altar erweitert das Geschehen und zeigt Ägidius als den großen Heiligen der Tiere. Es besuchen ihn nicht nur die Hirschkuh, es kommen viele Tiere des Waldes in seine Einsiedelei. Auch Vögel sind darunter. Man könnte meinen, der hl. Ägidius sei schon ein Vorläufer des hl. Franziskus gewesen, der zum bösen Wolf sogar »Bruder Wolf« gesagt hat. Und auch den Vögeln gepredigt hat. Zu dieser franziskanischen Vogelpredigt haben sich aber auch Quadrupeten, Vierfüßler, eingeschlichen, die die Vogelsprache gar nicht verstanden haben. Darunter zwei Häslein, die zwar ihre Löffel spitzen, aber verkehrter dasitzen und dem hl. Franz den Rücken kehren. Sogar Hunde hören zu. Und der Bruder Wolf im Hintergrund. Immer wieder neue Viechereien entdeckt man auf dem Bild von der Vogelpredigt des hl. Franziskus. Auf einem hat sich sogar ein Mensch eingeschlichen.

Aber daß ich zum hl. Ägidius noch eine Geschichte erzählen darf! In Regensburg lebte in den siebziger Jahren ein Prälat und Spitalmeister, der auch den großen Spitalforst zu verwalten hatte. Und deshalb vom Bischof das Privilegium eines Jägers hatte. Vormittag stand er im Prälatentalar am Altar, aber aus der Sakristei ist er dann im Trachtenanzug herausgekommen. Er fuhr zu seinem Forstmeister, und dort erwartete ihn schon sein Dackel. Der Herr Prälat ging auf die Jagd, bestieg mit seinen dreiundsiebzig Jahren den Hochstand und paßte auf den Rehbock. Der Bock kam, und der Herr Spitalmeister hat ihn gleich getroffen.

»Ja, hochwürdigster Herr Prälat, machen Sie sich denn kein Gewissen, als Priester einen Bock zu schießen?«

»Eigentlich net«, meinte der Herr Direktor, »so ein Rehbock hat ja eh auch seinen Schutzpatron, den hl. Ägidius. Außerdem hab ich ihm, ehvor ich abgedrückt hab, noch geschwind die Absolution erteilt.«

Freilich hat er es lachend gesagt. Aber gesagt hat er es doch.

Eine seltene Viecherei, wenn ein hochgeweihter Herr auf die Jagd geht. Die Zeiten liegen lange zurück. Der Herr Abt von Tegernsee mit seinem Jäger, dem Brandnerkaspar, auf der Hahnjagd. Oder es hat gar geheißen: Seine Gnaden, der hochwürdigste Fürsterzbischof von Salzburg, Johann Ernst Graf von Thun, auf der Hofjagd auf dem Untersberg. Oder Steinbockpirsch im Zillertal. Er war ein gewaltiger Nimrod, heißt es von ihm. Und die Wilderer hat er empfindlich bestraft. Die ersten Male ging es noch glimpflich ab. Gefängnisse hat er nicht gegeben, also mußten Leibesstrafen verhängt werden. Und weil bei den Untertanen die Wilderei kein Ehrendelikt war, erfand der geistliche Fürst dennoch ehrabschneidende Strafen.

Dem Wilddieb wurde ein Hirschgeweih aufgesetzt. Das mußte er vier Wochen lang öffentlich tragen, zum Gespött seiner Nachbarn. Beim Wiederholungsfall kamen zum Geweihtragen noch vier Wochen Schanzarbeiten, der Fürsterzbischof nannte das »Bußarbeiten«. Wurde einer zum dritten Male erwischt, wurde er ganz und gar in Tierhäute gehüllt. Wildhäute, Fuchsruten, Rehkrickel, Sauborsten und veschiedener Wildtiere Läufe wurden ihm angehängt. Und so einen verrückten Jägeranzug, bzw. so ein Wildschützenkostüm, mußte der Deliquent oder Wildbüßer ein ganzes Jahr lang tragen, bei jeder Haus- und Feldarbeit. Ausgenommen an den hohen Festtagen und nicht im Bett.

War einer dann immer noch nicht geheilt und wurde nochmal erwischt, mußte er Spießrutenlaufen. Oder er wurde gleich als Soldat in den Türkenkrieg geschickt. Die Galeerenstrafe, bei der der Büßer in Venedig auf einer Galeere angeschmiedet wurde, hat im Fürsterzbistum nur 15 Jahre lang bestanden und wurde von dem großen Nimrod Johann Ernst 1705 wieder aufgehoben.

Wehe wenn jemand nicht waidmännisch gejagt hat. Deswegen hat er sogar Domherrn bestraft. Und natürlich erst recht die Wilderer. Ein jagdgerechter Wildschütz konnte eher mit seiner Sympathie rechnen. Aber als er erfahren, daß vier Lieferinger Bauernburschen Fasaneneier geraubt und einen Igel erschlagen hätten, ließ er sie an einem Markttag ins Narrenhäusl sperren und ihnen einen Igel und zwei Eier um den Hals hängen.

Das waren dann doch keine heiligen Viechereien mehr, auch wenn sie von einem Fürsterzbischof ausgedacht worden sind.

Bleibt noch der hl. Eustachius zu erwähnen. Der hat nicht nur ein Kreuz zwischen den Hörnern eines Hirschen gesehen, sondern zudem auch noch Lichter auf den Geweihstangen. Und auch er wurde mit seiner ganzen Familie ein Christ und erlitt den Märtyrertod.

Wer d' Viecher gern mag,
darf sterben jeden Tag,
der kennt kein' Not
nach sein'm Tod.

AUCH KLEINE VIECHER HABEN SCHUTZPATRONE

(Von der Martinsgans, den Hühnern und der Maus der hl. Gertrud)

Was ist das beste an der Martinsgans? fragt P. Archangelus a sancto Georgio, ein bayerischer Barockprediger. Und er zählt alle Schlemmereien von einem Gansessen auf. Wer möcht nicht etliche Bissen vom Brustfleisch einer Gans verkosten? Wer nicht ein ganzes Haxerl abfieseln? Andere wieder halten die Flügel für das beste an der Gans. Sie sind es nicht. Ist's dann der Kragen? Nein. Oder das Gansragout, das mir so gut schmeckt? O nein, andächtige Zuhörer, das beste an des heiligen Martini-Gans ist, daß sie sich rupfen läßt. Wie sich auch hat rupfen lassen der hl. Martinus von einem armen, unbekleideten Bettler. Amen.

Mit dieser Martinipredigt ist der Gans eine große Ehre angetan worden. Nun aber hat der hl. Martin das tapfere Federvieh zu seinem Attribut erhoben. Und warum gerade die Gans? Weil sie, wie schon die römische Geschichte es lehrt, ein wachsames Tier ist. Eine Gans fängt eher zu schreien an wie ein wachsamer Hofhund. Der hl. Martin wollte immer auf der Hut sein. Er wollte keinen Bettler übersehen, wollte von der Gans ermahnt werden, wenn es galt, Gutes zu tun. Vielleicht auch, weil er ein gebürtiger Ungar war, der hl. Martin von Tours, hat er sich die Gans zu seinem Attribut gemacht?

Im Jahr 317 ist er in Steinamanger als Sohn eines Tribunen geboren worden. Und er wurde, wie sein Vater, Offizier. Als solcher wurde er im großen Römischen Weltreich nach Amiens versetzt. Er ließ sich taufen und schenkte dem Bettler die Hälfte seines Mantels.

Er war kaum zwanzig, als er den Soldatenberuf aufgab und ein Schüler des hl. Hilarius wurde. Er besuchte dann als junger Geistlicher seine Eltern, wollte in der Heimat missionieren. Es ist ihm nicht geglückt. Er versuchte sich bei Genua als Einsiedler und kehrte dann wieder zu seinem Lehrmeister zurück.

Bald darauf gründete er ein Kloster und wurde schließlich zum Bischof von Tours gewählt, baute Kirchen und Klöster und wurde ein Wohltäter der Kranken. Am 11. 11. 397 ist er als achtzigjähriger Greis verstorben.

Sein Fest, der Martinitag, ging dem Adventsfasten voraus. Deshalb durfte man sich am Martinitag noch einmal vollessen und trinken, durfte man gar etwas lustig sein. Am 11.11. um elf Uhr muß die Martinsgans gebraten sein.

Die Narrhalla kreiert am 11.11. das Faschingsprinzenpaar. Nimmt aus Freude über das segensreiche Leben des hl. Martin sich einen Tag Fasching zum Vorschuß. Ist das nicht auch eine seltsam heilige Viecherei?

Auf Martini werden die Zinsen und Quatembergelder fällig. Auf Martini kriegt das Jahr einen anderen Furm.

Man weiß es nicht genau, welche Heiligen die Hühner beschützen, ob die hl. Bauernmagd Notburga oder die große Predigerin des Mittelalters, die heilige Äbtissin Hildegard von Bingen. Abraham a Sancta Clara hat in seiner »Ga-Ga-Ga-Ganest-Predigt« im Kloster Taxa bei Odelshausen gar gemeint, die hl. Muttergottes habe einer Henne ein Ei legen lassen, welchem sie ihr Bildnis aufgeprägt hätte. Und ist dieses marianische Hühnerbild dann das Gnadenbild dieser Klosterkirche geworden.

Ich halte diese »Ga-Ga-Ga-Ganest-Predigt« des Augustinereremiten und Ordensbruders des Münchner P. Ertl für eine einzige heilige Viecherei. Gan-ga-ga-ganest, mein Ei ist das best!

In Niederbayern wandte man sich in Hühnersachen am liebsten an den vertrauten hl. Leonhard.

Um eine hl. Martinigans zu schauen, sind wir eigens nach Vornbach am Inn gefahren. Johann Holzinger, bedeutam wie Egid Quirin Asam, hat die Figur des hl. Martin am Hochaltar geschaffen. Der Bischof mit seiner Gans. Und ein Engerl ist dabei. Es muß wahrscheinlich die freche Gans hüten. Wer einmal Gäns gehütet hat, der weiß, daß das keine leichte Arbeit ist. Und fleißig, man sieht es dem Putto an, wie ihn die Gans schon außer Atem gebracht hat. Eine schöne Gans, jung und nicht zu fett: Mit dem lustigen Attribut eines großen französischen Diözesanbischofs, die Gans des hl. Martin von Tours.

Der Pfau ist viel zu eitel für eine christliche Schutzpatronin. Er soll dem Heidentum verbunden bleiben! Denn die Eitelkeit, die Hoffahrt des Lebens, ist etwas Unchristliches. Laßt den Radschläger der Göttin Juno! Von den heiligen Frauen und Nonnen hat ihn keine gewollt.

Auch die lieben Mizikatzen haben keine heilige Schutzpatronin. Im Gegenteil. Es werden schlimme Geschichten über die Katzen erzählt. Sie sollen die Lieblinge der Hexen gewesen sein. Weshalb man in den Hexenfeuern auch die Katzen einer ganzen Stadt verbrannt haben soll. Die Folge war dann ein Überhandnehmen der Mäuse und Ratten. Und mit den vielen Ratten kam die Pest. Ein dunkles Kapitel der deutschen Rechtsgeschichte. Katzenholocaust!

Als man von Hexen noch nichts gewußt hat, im hohen Mittelalter, da waren aber doch die Katzen auch bei den Heiligen etwas beliebter gewesen? – Nein, auch im hohen Mittelalter wollte man von den kleinen Haustigern nicht viel wissen. Die Katze war den Theologen noch als eigene, heidnische Göttin suspekt. Bei den Ägyptern hat sie wirklich göttliche Verehrung genossen. Ich telefonierte mit gelehrten Theologen, mit Äbten und Bischöfen. Niemand konnte mir eine Schutzpatronin der Katzen nennen.

Der Löwe des hl. Hieronymus konnte doch eine Katze gewesen sein, Herr Professor. Nein, der Löwe des hl. Hieronymus bestimmt nicht, denn wir wissen die Geschichte von dem Dorn, dem er dem Wüstenkönig aus der Pranke gezogen. Katzen treten sich keinen Dorn ein.

O mein! Selbst die Mäuse haben eine hl. Schutzpatronin: Die heilige Äbtissin Gertrud, die Tochter Pipin des Älteren, des fränkischen Hausmeiers, die große Äbtissin von Nivelles in Brabant.

Weil sie ihre Nonnen beim Beten auch noch hat spinnen lassen, bekam sie mit einer Maus zu tun. Sie führte ein zu strenges Regiment, ließ die Schwestern nicht nur arbeiten und beten, sondern arbeiten und gleichzeitig beten. Manchmal auch beten und gleichzeitig arbeiten. Wer hält das schon aus?

Als man eines Tages wieder auswendig die Psalmen sang und dazu aber den Roggen spinnen mußte, war es der hl. Ordensmutter Scholastica doch zu dumm geworden. Gewiß schonte sich Gertrud nicht, spann und betete mit ihren Nonnen. Aber auf einmal kroch jetzt eine Maus aus dem Loch, bestieg den Spinnroggen der Frau Äbtissin und biß den Faden ab.

Was soll jetzt das bedeuten? Blitzartig fiel es ihr ein: Wir dürfen beim Beten der Psalmen nicht spinnen. Sie war von der Stunde an vernünftiger und milder.

Die Maus wurde ihr Attribut und ist es bis auf den heutigen Tag geblieben. Allerdings ist sie nicht nur eine Schutzpatronin der Mäuse, denn sie wird auch bei Mäuseplagen von den Gläubigen angerufen. Sie hat also ein schwieriges Patronat.

Und dann las ich doch noch in der Lebensgeschichte des hl. Benedikt von einem entfernten Katzenpatronat.

Als Student hatte der hl. Benedikt seine Amme bei sich. Eine liebenswürdige Sklavin, die den Buben großgezogen hatte und ihn auch zum Studium begleitet hat. Eines Tages fiel der Amme ein Tonsieb vom Tisch und zerbarst in zwei Teile. Die liebe Amme war darob so traurig – zumal sie das Sieb von einer Nachbarin geborgt hatte –, daß sich der Studiosus Benedikt ihrer erbarmte, über das Sieb ein Gebet sprach und es wunderbarerweise wieder ganz machen konnte. Die Amme erzählte die Geschichte den Nachbarn, und die ganze Stadt sprach von einem Wunder. Das Sieb wurde gar über die Kirchentüre gehängt. Die Wiederherstellung des tönernen Siebes gilt als das erste Wunder des hl. Benedikt.

Von einer Katze, die das Sieb vom Tisch gestoßen hätte, erwähnt Papst Gregor kein Wort. Davon spricht erst eine hellseherische Mystikerin, die Einzelheiten aus der Lebensgeschichte mancher Heiliger offenbaren konnte. Und zwar recht glaubhafte Einzelheiten. Gott sei Dank! Wir können weitschichtig den hl. Benedikt zu einem Patron der Katzen definieren. Ganz wohl ist mir dabei nicht. Aber eine direkte Irrlehre kann es auch nicht sein.

DER BÄR DES HL. KORBINIAN

(und der Passauer Wolf)

Weit ins altbayerische Land hinein leuchtet der Domberg. Übers Freisinger Moos, über die Schwäbisch-Bayerische Hochebene. Freising sieht man von weitem.

Drum sagt man ja von einem, der die große Welt nicht kennt: Magst Freising sehgn?

Die Hauptsach auf dem Domberg ist natürlich der Freisinger Dom. Eine Mutterkirche des Vaterlandes. Imponierend die Architektur mit den aufwendigen Strebepfeilern am fünfschiffigen Langhaus.

In der Krypta des Domes erschüttert einem zunächst die Bestiensäule. Sie ist voll der heiligen Viechereien. Diese Bestien geben einem etliche Rätsel auf. Drachen verschlingen starke Männer. Der Kampf wogt hin und her. Wer siegt? Die Ungeheuer des Bösen oder die Tapferkeit der Guten? – Die Kämpfe dieser Säule werden auch mit Otto von Freisings Buch von den zwei Staaten gedeutet. Mit dem Kampf der irdischen Mächte gegen den Gottesstaat der Guten. »De duabus Civitatibus« nennt Bischof Otto sein Buch.

Wer siegt? Es heißt zwar, das Gute siegt. Aber wenn die Steinmetzen dieser Freisinger Bestiensäule recht haben, dann siegen wahrscheinlich doch immer wieder die bösen, die irdischen Machtungeheuer dieser Welt. – Nichts Gewisses weiß man aber, gottlob, noch nicht.

In der Nähe dieser Säule ruhen die Gebeine des hl. Bärenzwingers, der Schatz Freisings, die Reliquien des hl. Korbinian.

Er war ein naher Verwandter des merowingischen Königshauses, ein mächtiger Mann, der mit dem Christentum den Bayern gewiß auch viel fränkische Politik gebracht hat. Des wahren Glaubens willen sei ihm die merowingische Verwandtschaft verziehen.

Er ist der Diözesanpatron, und viele Bauernbuben heißen bei uns noch immer gern Kurbi – Korbinian. Und unter seinem Patronat wird niemand ein Schwächling. Denn was anderes bedeutet der Bär als Stärke?

In Mittenwald ist das Wunder passiert. Dem hl. Korbinian, der sich gerade auf der Reise nach Rom befand, soll nächtens der Bär sein »Ballastpferd« geschlagen und gefressen haben. Der Heilige befiehlt, das Gepäck dem bösen Bären aufzubinden. Was auch geschieht. Und der Bär läßt es sich gefallen. Durch das Wort Korbinians wird er gezähmt. Mit unseren noch »wilden« Vorfahren hat er es ähnlich gemacht.

Die Gebrüder Asam haben zur Tausendjahrfeier anno 1724 den alten romanisch-gotischen Dom in eine herrliche Rokokobasilika umgewandelt. Unter den Fresken, die das Leben Korbinians erzählen, handelt eines von einem Pferdewunder des Heiligen. Auf der Weiterreise kommt Korbinian an den Königshof zu Pavia. Und der Langobardenkönig begehrt sein schönstes Pferd. Korbinian verweigert es dem König. Denn das schöne Roß sei ein Geschenk an den Hl. Vater. Da läßt es der König stehlen. Aber, o Wunder, der Dieb kommt nicht mehr vom Rücken des Pferdes herunter. Nur der Heilige kann den Gebannten erlösen. Korbinian zieht weiter und schenkt den Araberhengst in Rom dem Papst.

Cosmas Damian Asam hat auch das himmlische Deckenfresko gemalt. St. Korbinian im Himmel. Und das ist das Außergewöhnliche an diesem Fresko: Auch der Bär darf in den Freisinger Himmel hinein, steht gleich neben Abt Nonosus. Darüber triumphiert der hl. Korbinian in himmlischer Verklärung. Und der Bär hat daran seinen Anteil. Eine frohe Botschaft für alle Tierfreunde. Auch Bären dürfen in den Himmel.

Mit Bären hatten auch andere Heilige des frühen Mittelalters zu tun, besonders die Glaubensboten aus Irland und den angelsächsischen Landen. So auch der Begleiter des hl. Columban, der heilige Gallus. Nachdem er es sich mit den Bewohnern am Züricher See verdorben hatte, weil er ihre alten Tempel angezündet, ging er in die Wildnis der Berge und verjagte Wölfe und Bären, ehvor er sein berühmtes Kloster gründen konnte, St. Gallen.

Einen gefährlichen Bären soll er mit Brotfüttern gezähmt, einen anderen gar sich als Zug- und Tragtier abgerichtet haben. Und das schon hundert Jahre vor dem hl. Korbinian.

Jetzt, die Passauer haben den Wolf im Wappen. Und stammt dieser berühmte Passauer Wolf auch von einem Bischof: Von Wolfker von Ellenbrechtskirchen, auch Bischof Wolfger von Erla genannt, den die Domherrn 1191 zum Bischof von Passau gewählt haben. Bischof Wolfger, vorher Kanonikus, war aber kein Heiliger, wenngleich eine kräftige Persönlichkeit. Er hat mit den Grafen von Bogen und auch mit den Ortenburgern viele Fehden führen müssen.

1197 unternahm er mit Herzog Friedrich von Österreich eine Heiligland-

Fahrt und ist auch wieder gesund heimgekommen. Während der Herzog auf der Rückreise in seinen Armen verstorben ist. Die Passauer mochten ihn gern. Aber wegen der bösen Nachbarn ließ er sich von Papst Innozenz III. im Jahr 1204 auf den Patriarchenstuhl von Aquileja setzen. Von ihm stammt der rote Wolf, das Wappentier der Stadt und des Bistums.

Also stimmt der Satz: Je gefährlicher das Wappentier, desto gefestigter der Glaube!

EIN WUNDER IM SAUSTALL

(Der hl. Ferkeltoni)

Diese Geschichte ist tatsächlich eine heilige Viecherei. Aber sie hat sich wirklich ungefähr so merkwürdig zugetragen, wie ich sie hier erzähle.

Der Aicher von Aich, ein beratungsgeschädigter Bauer, der vor zwanzig Jahren einen modernen Kuhstall gebaut hat, vor fünfzehn Jahren dann diesen Kuhstall in eine Bullenmästerei umgewandelt hat, ließ sich schließlich vor etwa sieben Jahren zur Schweinezucht überreden. Die neuen Stallungen mit allein fünfzig eisernen Käfigen, in denen die Sauen ihre Ferkel werfen müssen, nur Platz zum Stehen, Säugen, Fressen und Liegen haben, daß man den hl. Antonius, den Wüsteneinsiedler, anrufen möchte, der ja der Schweinepatron ist, diese modernsten Stallgitter und Futterbänder hatten viel Geld gekostet. Zwar hatte der Aicher jetzt den modernsten Saustall im ganzen Landkreis, aber wahrscheinlich auch genug Schulden. Er hielt sich hundert Muttersäue, und er war stolz auf die Modernität seines Stalles. Am meisten imponierte ihm die Sauberkeit und Hygiene seines neuen Stalles.

»In meinem Saustall ist es hygienischer wie in dieser Wirtsstube da«, hat er schon einmal ausgerufen. Und am reinlichsten waren die Appartements seiner vier Eber. Die Eberschläge waren gefliest und hatten eine Art Wasserspülung.

»Mein Hof stinkt nicht nach Schweinemast«, hat er der Nachbarschaft erklärt. An die dreitausend Spanferkel wollte er jedes Jahr erzeugen. Das war die schönste Abteilung. Überall grunzte und quieckte es in den lebendigen übervollen Ställen. Schon im knusprigen Alter von neun Wochen kommen diese Frischlinge als Jungschweinebraten auf die Tische der Großgaststätten und Kantinen.

Ein schlechtes Gewissen habe er dabei überhaupt nicht. Die Leut wollen ihren Schweinebraten. Guten Appetit!

Und doch mußte er daran denken, wenn sie früher z. B. auf Weihnachten die Mettensau abgestochen haben. Er und der Vater zusammen auf dem Hof ziemlich aufgeregt gewerkt haben. Das Saupech mußte zerrieben werden, der Sautrog hergerichtet, das Wasser gekocht, die Ketten zum Hautschaben beim Brühen mußten vom Speicher geholt werden. Dann erst dieses ewige Messer wetzen! Endlich war es so weit, die Sau mußte aus dem Stall geholt werden. Wenn man so ein Tier ein Jahr lang herfüttert und mit ihm geradezu bekannt ist, dann hat man schon eine Spur von schlechtem Gewissen spüren können. Aber was tät man zu Weihnachten ohne Braten? Auf dem Hof lebten damals zwölf Personen.

Heut wird auf dem Aicherhof keine Sau mehr umgebracht. So altmodisch, mit eigener Selchkammer für die zwei Hausschlachtungen im Jahr, leistet sich nur noch der Herr Nachbar, der Xaverl, der immer noch nicht geheiratet hatte. Und der kriegt auch keine Bäuerin. Der muß mit seiner alten Mutter hausen, so lange es geht. Er hat noch Hühner und Gäns, Enten und Truthähn, zwei Säu und neun Küh, hat Katzen und Hund, wirtschaftet wie vor dreißig Jahren. Und nur alte Maschinen kauft er. Alles hat er gebraucht billig erworben. Verstehn tut er freilich alles. Er ist ein Mechaniker und ein Viehdoktor, ein Schmied und ein Elektriker, ein Dachdecker und ein Maurer, ein Schreiner und ein Schnitzer gar. Dabei war er nie auf einer anderen Schule gewesen als auf der alten Dorfschule. Musikalisch ist er auch noch. Dem Aicher ist der Nachbar schier unheimlich. Aber er nennt ihn insgeheim doch einen altmodischen Deppen. Ein dummer Fretter, der nicht mehr in unsere Zeit paßt. Wenn der eine Hochzeiterin will, dann muß er weit nach Serbien hinein oder gar nach Rußland auf Brautschau gehen.

Wie anders denkt und handelt der Aicher! Er hat seine Tochter Maria sogar studieren lassen. Und zwar Theologie. Damit ist das Marerl einmalig in der ganzen Pfarrei. Ist ja auch kein Wunder, bei den Beziehungen zum Domkapitel in der Bischofsstadt. Sein Bruder Sebastian ist dort ein mächtiger Domherr und Prälat. Kann leicht sein, daß er noch einmal Bischof wird. Bei ihm wohnt das Marerl seit fünf Jahren, studiert und schreibt gerade ihre Doktorarbeit in der Moraltheologie. Eine Religionslehrerin an einem Gymnasium wird sie einmal bestimmt. Da hat er keine Angst. Und außerdem ist sie eine aufsehenerregende Schönheit. Sie verdient sich sogar als Mannequin für Bademoden ein Zubrot. Davon wissen die Eltern aber erst seit etlichen Tagen. Sie sahen das Töchterl in einer Werbebeilage der Zeitung. Die Aicherin wollte es dem Vater verheimlichen. Aber im Wirtshaus haben sie ihm das Werbefoto gezeigt. Da hat er nur gelacht und hat gesagt: »Das Marerl kostet mich keinen Pfennig. Die verdient ihr Studium selber.«

Daheim hat er sich dann doch geärgert und er ärgert sich noch, weil das

Töchterl mit dem Tierarzt, einem geschiedenen Mann, ausgerechnet nach Jerusalem in den Urlaub mitgeflogen ist.

»Obwohl sie Moraltheologie studiert!«

Der Onkel Wastl, der Herr Prälat, bei dem sie wohnt, kann auch ein Lied singen von unserem Marerl. Drei Kandidaten hat sie bereits auf dem Gewissen. Aber er ist langmütig und hat an dem hübschen und gescheiten Nichterl seine Freud. Er hat sich mit dem Aichervater, seinem Bruder, jetzt nur wegen der alten Leonhardkapelle verkracht. Sie gehört zum Hof und es war einmal der Stolz eines Bauern, eine eigene Kapelle zu haben, noch dazu eine so schöne und wertvolle. Aber sie ist baufällig. Sie muß unbedingt restauriert werden. Die Baulast liegt auf dem Aicherhof. Der Aicher Michl aber denkt nicht daran. Lieber steckt er nochmal hunderttausend Mark in den Saustall als in die alte Kapelln, die ihm sowieso im Weg umgeht.

»Restaurier s' du, die Kirch' hat Geld gnuag«, hat er dem Prälaten schon wiederholt ins Gesicht gesagt.

Da erbietet sich der altmodische Herr Nachbar, der Xaverl, die Kapelle des Nachbarn umsonst zu restaurieren. Er mauert und schreinert, er schnitzt und restauriert. Er kann alles. Freilich braucht er dazu drei Jahre. Denn er kann nur an den Samstagen und Sonntagen daran arbeiten und an Feierabenden, denn halbtags arbeitet er bei einem Installateur, bei einem Zimmerer oder Schreiner, wie's grad kommt, damit er sich in den vielen Berufen vervollkommnen kann.

»Ein spinnerter Deifi is er. Arbetn Tag und Nacht, aber Bäuerin findt er sich keine.« Das sagt er seit Jahren und sooft er den Xaverl in der Leonhardikapelle werken hört.

Aber gerade von der Bäuerin hat der fünfundvierzigjährige Xaverl seine Vorstellungen. Er hat sich es nur noch nicht zu sagen getraut. Sein Traum ist die Studentin der Theologie Maria Aicher. Schon vor zwanzig Jahren hat er sich das gewünscht, als das Marerl noch in die Volksschul' gegangen ist. Als sie dann gleich so schön sich herausgewachsen hat, war er an der Realisierung seines Traumes dann zwar irr geworden. Aber Träume müssen ja nicht verwirklicht werden. Und gesagt hat er nicht einmal seiner Mutter ein Wörtl.

»Wenn mir der heilige St. Leonhard hilft, dann richt ich ihm die Kapelln«, mehr hat er nicht gelobt. Natürlich hat er auch gebetet. Denn er war auch noch Obmann der Marianischen Kongregation.

Durch die fortschreitende Kapellenrestaurierung kam er mit dem Marerl jetzt doch einmal zusammen. Die werdende Doktorin der Theologie zeigte an der Erneuerung der kleinen Leonhardikirche ihr Interesse und war von dem Können Xaverls überrascht.

»Wo hast du das gelernt, Xaverl? Die Figur des heiligen Abtes Leonhard wird ja schöner als sie jemals gewesen ist«, meinte sie wohlwollend.

»Wie sie in St. Wendelin die Kirch restauriert haben, bin ich als Installateur öfters drüben gewesen und hab den Herrn ein bißchen auf die Finger geschaut«, antwortete der Xaverl und wunderte sich selber, daß er mit dem Marerl so gut sich unterhalten konnte.

Zu ihrem Namenstag dann schenkte er ihr ein altes Spinnradl, weil sie sich so etwas Altmodisches gewünscht hat. Und gleich drauf zu ihrem Geburtstag – zu ihrem siebenundzwanzigsten – eine schöne alte Riegelhaube. Aber dann kam der große Schmerz mit dem Jerusalemurlaub. Er konnte den Tierarzt nicht mehr ausstehen, hat ihn noch nie gemocht und auch noch nie gebraucht. – Die Wunde ist wieder vernarbt und der Viehdoktor hat jetzt eine Assistentin, eine Freundin vom Marerl. Also will ihm das Marerl nichts mehr.

»Heiliger Leonhard, laß mir deine Kapelln schön fertig machen, dann reden wir weiter.«

Kurz vor Vollendung der Kapelle steigerte sich der Aicher in Brüssel einen sündteueren Zuchteber ein. Neuntausend Mark soll er gekostet haben. Es stand sogar in der Zeitung. Und der Herr Tierarzt hat ihm eine Einstandsspritze gegeben, eine harmlose Vitaminspritze, wie er sagt. Aber der teuere Eber, den der Aicher Maxl getauft hat, wird müd und schläft die nächsten Tage so viel, daß er sich kaum zum Fressen wecken läßt. Die jüngsten Säue sind ihm gleichgültig. Er schläft.

»Den Eber hat der Tierarzt mir verspritzt«, meint der Aicher und will den Schaden der tierärztlichen Versicherungskammer gemeldet wissen. Der Dr. med. vet. aber weist alle Vorwürfe zurück. So viel ihn der Doktor auch behandelt mit allen möglichen Kuren und Infusionen, der Maxl bleibt schläfrig und apathisch. Und von seinen Pflichten will er schon gar nichts wissen.

Aus der Geschichte wird sogar ein Gerichtstermin, was den impotenten Eber aber auch nicht auf die Beine hilft. Schon will ihn der Bauer fett machen und ins Schlachthaus verkaufen. Allerdings nur, wenn die Versicherung zahlt. Und das weiß man noch nicht.

Um diese Zeit wird die Leonhardikapelle fertig. Alle Welt ist begeistert. Die Geistlichkeit lobt den braven Mann. Die Zeitungen schreiben über den selbstlosen Restaurator. In Funk und Fernsehen wird er vorgestellt. Der Zulauf der Neugierigen ist groß.

Und der Aicher kommt bei den Festlichkeiten eher schlecht weg. Obwohl er der Besitzer des Leonhardikirchleins ist. Und der Bruder eines Domherrn. Zugleich der Vater einer künftigen Doktorin der Moraltheologie.

Hochwürden, der Herr Prälat in seiner liturgischen Soutane, sieht aus wie ein Bischof. Er nimmt die Einsegnung der restaurierten Kapelle vor und hält eine wunderschöne Predigt über die Heiligen und ganz besonders über den hl. Leonhard. Dreißig Vereine sind anwesend mit ihren Fahnen. Zwei Musikkapellen spielen auf. Dreitausend Leute, schätzten die Zeitungen, sind zusammengeströmt. Nur der Aicher sitzt voll Gram und Verdruß auf seinem Kanapee.

»Wär gscheiter, der hl. Leonhard tät in seinem Saustall ein Wunder wirken als sich die sündteuere Kapelln restaurieren lassen«, brummelt er. Da sieht er den gefeierten Xaverl, die Feierlichkeiten sind kaum zu Ende, im Werktagsgewand eine Schubkarre voll Saumist aus seinem Stall in die hygienischen Eberboxen karren. Er ist entsetzt. Er alarmiert den Tierarzt und alle die seinen. Der Herr Prälat ist ohnehin nicht zum Kaffee gekommen, der überspannte Bischofsanwärter!

Der Xaverl läßt sich von seiner Saustallarbeit nicht abbringen. Er schmiert den Mist in die getäufelten Eberboxen. Und der Tierarzt findet das als eine »mögliche Therapie«.

»Ja, Aicher, dem Maxl fehlt vielleicht der Saumist? Der Stall ist ihm zu hygienisch. Aber er ist doch ein Nasentier, er braucht den stinkenden Geruch. Daß ich da nicht drauf gekommen bin?«

Die Marerl hilft dem Nachbarn und als sie fertig sind, streichelt sie den schlafenden Maxl und der Xaverl imponiert ihr nicht mehr nur, er gefällt ihr.

»Wie dein Herr Onkel Prälat mit der Leonhardifigur den Segen gegeben hat«, Marerl, genau in dem Augenblick ist mir die Idee gekommen mit dem Mist.« Das Marerl sieht ihm in die Augen und da kann er nicht mehr anders, er küßt sie. Und der Maxl tut einen Grunzer.

In der Aicherstube schimpft der Bauer auf seinen Herrn Bruder, der an dem ganzen Ramasuri schuld ist. Hätte man ihm doch die alte Kapelln abreißen lassen!

»Da schau, wer da kommt«, ruft da plötzlich die Bäuerin und öffnet weit die Tür, daß der Herr Domkapitular in seiner violetten Soutane in die Bauernstube direkt hereinleuchtet.

»Gott zum Guß, mein lieber Bruder Michl«, tönt der hohe Herr.

»Daß du dich doch noch hereintraust?« antwortet der Bauer.

»Was wär die Heimat ohne diese Stubn?«

»Dir glangt der hl. Leonhard.«

»Streitet euch nicht«, fährt die Aicherin dazwischen und schenkt dem Herrn Schwager gleich einen Kaffee ein. »Oder muß man schon Exzellenz sagn?«

»Exzellenz! So weit bringt er's nimmer«, spottet der Aicher.

*Alfons Maria von Liguori (1696–1787), hl. Bischof und Kirchenlehrer,
Gründer der Redemptoristen. Er hat während einer Hungersnot selbst einem erfrorenen
Spatz das Leben gerettet. (Seelsorgeamt Regensburg, Dr. Karl Wölfl)*

Antonius der Große, der hl. Einsiedler, auch »Stern der Wüste« genannt († 356), heißt im Volksmund auch »Der Ferkeltoni«. Wegen der großen Versuchungen, die er in der Wüste hat überstehen müssen, ist sein Attribut das Schwein.
(Seelsorgeamt Regensburg, Dr. Karl Wölfl)

Bayreuth, Eremitage. Grottenbassin mit Nymphe und Delphin von Joh. David Räntz.
Im Neuen Schloß der Markgräfin Wilhelmine. Um 1745. (Foto: Erika Drave)

Seifenblasender Putto auf Totenschädel. Friedhofskapelle in Weilheim.
Was ist das Leben, eine Wasserblas, ein Traum, eine verwelgte Blum', rufen die barocken Prediger. Übermütiger kann man mit dem gefürchteten Tod nicht umgehen. Das ist schier auch eine »heilige Viecherei«. (Foto: Erika Drave)

Kloster Ettal. Kartusche unter dem Chorfresko der Gründerlegende von J. J. Zeiller, 1752.
Kaiser Ludwig des Bayern Pferd kniet auf dem »Ampfernag« an der Stelle nieder, an der das Kloster für das von der Kaiserkrönung mitgebrachte Marienbild gebaut werden sollte. (Foto: Benediktinerabtei Ettal)

Oben: Votivbild in Herrgottsruh in Friedberg, gestiftet von einem, den die Krautköpf beinah erdrückt hätten. Unten: eins von Maria Birnbaum.

Innozenz Waraty, geb. 1690 in Sterzing, gest. 1758 in Burghausen. Flucht nach Ägypten. Fresko in Vornbach am Inn.

Johann Georg Greiff, St. Martin in Unering (1732) bei Oberalting, Kreis Starnberg.
Greiff hatte den Schimmel als Hengst gestaltet. Wegen des Blickes beim Aufwandeln machte eine Restaurierung aus dem Hengst das »Pferd des hl. Martin«.

»Bleib nur beim Wastl, Anni, und laß mich ein Stück Torte versuchen!«

Auch der Aicher nimmt nun Platz am Kaffeetisch. Und der Herr Bruder hat eine gute Nachricht:

»Ich kann euch die freudige Mitteilung machen, daß 's Marerl diesmal ihr Examen bestanden hat«, sagt er nebenbei. Der Aicherin verschlagt es vor Freude die Stimm.

»Ich darf das nur im Vertrauen weitergeben. Mein Freund, ihr Professor, Prälat Dr. Zinkl, hat's mir heut früh am Telefon angedeutet. Sie ist nun eine Doktorin der Theologie.«

»Tausend Dank auch dir, Sankt Leonhard«, betet die Aicherin und wendet sich an die Votivtafel über dem Fernseher.

»Sankt Leonhard hilft meist im Stall. – Manchmal aber auch überall«, reimt der Prälat und freut sich mit den Eltern.

»Bruaderherz, jetzt hast mir einen Stein von der Vaterbrust genommen«, schnauft der Aicher auf.

»Die Freudentränen der Eltern gehören zu einer guten Erziehung«, meint der geistliche Würdenträger und erinnert sich an den zölibatären Schaden, den das Marerl, als hübsche Theologiestudentin, mehrfach angerichtet hat.

»Als Fräulein Doktor wirds dann mit dem Xaverl doch nimmer herumpoussieren«, hoft der Aichervater.

»Warum net? – Akademische Würden machen den Menschen nicht gescheiter.« Er wäre froh gewesen, sich nicht mehr in der Bischofsstadt um das hübsche Nichterl kümmern zu müssen. Theologiestudentinnen sind immer eine Versuchung.

Die Bäuerin und Mutter hat längst umgesteckt. Ihr wär der altmodische, ledige Landwirt als Schwiegersohn nicht mehr gar so unmöglich. Auch der Vater findet den Xaverl – angesichts der lobenden Zeitungsartikel – fast schon akzeptabel. Aber deswegen hätte sie nicht 14 Jahre lang studieren brauchen.

»Er ist halt ein altmodischer Fretter, der sich nix sagen läßt. Zwanzigmal sind schon Landwirtschaftsräte bei ihm gewesen, haben ihm Pläne gezeichnet für einen neuen Stall, haben ihm eine Finanzierung ausgerechnet und einen Zuschuß versprochen. Nix hat es genützt. Er mag nicht.«

»Aber er hat Charakter«, warf der Prälat ein.

»Im ganzen Landkreis gibt's keinen zweiten, der noch so alte Ansichtn hat.«

Altmodisch findet der Domkapitular so einen frommen Bauern nicht. Er hat die Kapelle so schön restauriert, daß sogar die Herren vom Landesamt zufrieden sind. So einer ist nicht altmodisch.«

Die Aicherin griff wieder vermittelnd ein, daß die beiden Brüder nur ja eine humorvolle Unterhaltung hätten: »Mein Vater, du weißt das Neueste noch nicht. Der Erich, unser Bankkassier, soll gestern beim Wirt verzählt habn, daß der Xaverl um zweimal hunderttausend Mark Pfandbrief' hat.«

Der tief verschuldete Aicher legt den Kaffeelöffel weg. »Um wieviel?«

»Um zweimal hunderttausend. Und was habn mir?«

»Mit seinem extensiven Großvaterbetrieb hat er gar nix.«

Sie aber blieb fest: »Der Bankkassier wird's doch wissen! Und die Leut redens bereits.«

»Aber das darf der Bankkassier doch gar nicht sagen«, ereiferte sich der Prälat. »Das Bankgeheimnis ist heute wichtiger als das Beichtgeheimnis, hat mir erst vorgestern ein Aufsichtsrat bestätigt.«

Der Herr Domkapitular mußte lachen. Der Aicher aber wurde nachdenklich. Er hatte 200 000 Mark Schulden auf dem Hof. Einen gelegeneren Schwiegersohn gibt's nicht mehr. »Vielleicht is' wahr? Er braucht keine Handwerker, weil er selber jeden Dreck versteht. Er gibt kein Geld aus für Maschinen, weil er nur ein altes Glump kauft. Und er arbeitet Tag und Nacht wie sein Vater ...

In dem Augenblick ertönt vom Stall herein ein lauter Juhu-Schrei.

»Ja, wer jauchzt denn bei euch heute so freudig?« fragte mit betonter Feierlichkeit der Herr Prälat. »Ist denn ein Wunder geschehen?«

Dann geht die Tür auf und die frisch doktorierte Moraltheologin Maria schwebt herein. Sie ist ziemlich aufgeregt. »Papa, der Maxl! Er ist wieder wach ... Hellwach sogar.«

Das ist ja wirklich ein Wunder«, ruft die Aicherin.

»Ja, Mama, es ist eins. Grad is' geschehn. Das heißt, es geschieht noch.«

»Marerl, jetzt krieg ich's langsam mit der Angst zu tun«, sagt die Bäuerin und tät sich am liebsten bekreuzigen.

»Onkel, der hl. Leonhard hat ein Wunder gewirkt«, wendet sich die junge Theologin an den hohen Herrn vom Domkapitel.

»Sankt Leonhard, der Abt von Noblac bei Limoges, hat schon viele Wunder erflehen helfen.« Der Domherr, ganz Repräsentant der Kirche, läßt sich nicht beeindrucken.

»Mit eigenen Augen möcht ich's sehn«, sagt ungläubig der Aichervater und begibt sich in den Stall.

Die junge Theologin setzt sich zum Herrn Prälaten an den Tisch und macht ihm ein Kompliment.

»Erflehen helfen, das ist gut formuliert, Onkel. Da hört man gleich die ganze Spiritualität der Volksfrömmigkeit heraus«, sagt sie zu ihm. Prälat Aicher antwortet darauf nichts und Maria fährt fort: »Und unser Nachbar hat mitgefleht. Kann man so sagen?«

»Gewiß, man kann es. Denn das ist ja die sogenannte Heils-Solidarität der Lebenden mit den Heiligen im Himmel, die sogar in deiner Dissertation »von der christlichen Pflicht im Zeitalter der Emanzipation« vorkommt. Heils-Solidarität kann man heut so ein Vertrauen nennen. Verstehst du mich, Marerl?« Maria nickte und die Aicherin mußte lachen:

»O mei, dös ist auch wieder zum Lachen: Ein Wunder an einem Saubärn?« Der Onkel Sebastian macht gleich die Bemerkung:

»Lacht nur, denn auch die Heiligen haben einen Humor.«

»Ja Mama«, führte die gescheite Tochter den Gedanken weiter: »Der hl. Leonhard war ein Benediktiner. Und jeder Benediktiner hat eine Freud am lieben Vieh. Vielleicht auch an einem heutigen Zuchteber. Und gerade Bayern ist ein benediktinisches Kulturland!«

»Sehr gescheit, Marerl, Bavaria terra benedictina, sonst hätt ma no mehrer Schlawina«, sagte der Prälat. In einer noblen Bauernfamilie ist es immer wieder schön, dachte er und trank seinen Kaffee aus. In dem Augenblick riß der Xaverl die Stubentür auf und rief mit ziemlicher Begeisterung, wenn's gleich auch wieder zum Lachen war:

»Marerl, an Maxl gfreut 's Lebn wieder, er hört gar nimmer auf.«

»Und mich auch, Xaverl!« schnaufte strahlend die schöne Theologin und flog dem Wunderheiler in die Arme. Der aber zeigte sich nun eher verlegen. Er hatte Respekt vor dem Herrn Domkapitular.

»Herr Prälat, darf ich Ihnen meine Hochzeiterin vorstelln?« brachte er doch beiläufig über die Zunge. Und er befreite sich aus der Umarmung der Theologin.

»Geh, Xaverl, der Onkel kennt mich doch«, entfuhr es dem Marerl und sie ließ seine Hand nicht los.

»Ja, ich kenne das Fräulein Doktor«, bestätigte der Domherr und reichte dem Xaverl die Hand. Jetzt wurde der reife Junggeselle etwas mutiger.

»Ja, dann laß ich gleich die Katz ausm Sack, Herr Hochwürden, darf ich Ihnen um die Kopulation bitten?«

»Es wird mir eine Ehre sein, Xaver, lieber zukünftiger Herr Neffe. Und der hl. Leonhard wird euch nicht verlassen.«

Marerls Mutter konnte es sich nicht verkneifen, auf den Altersunterschied des Paares zu verweisen, was aber die glücklich scheinende Braut mit der Bemerkung abtat, daß ein Idealist länger jung bleibe. Noch dazu einer, der so einen Glauben habe wie er. Dem pflichtete der Onkel bei.

»Liebe Schwägerin«, sagte er, »er hat eben im Stall ein Wunder erflehen helfen, er kann hoffen, daß ihn Sankt Leonhard auch in späteren Jahren noch erhört.«

In diesem Augenblick kam der Bauer mit dem Tierarzt samt Assistentin aus dem Stall zurück. Der Herr Dr. med. vet. konnte es noch immer nicht fassen. Er würde darüber einen wissenschaftlichen Bericht schreiben. Die hygienische Neurose des Ebers hielt er für vollkommen ausgeheilt. War es ein Zufall, daß diese Heilung am Tag der Einweihung der restaurierten Leonhardikapelle geschah? – Oder war es ein Wunder? Und lassen sich die Wunder so einfach erklären?

Die Kaffeestunde wurde fortgesetzt. An tierpsychologischen Erörterungen fehlte es nicht. Da sprach der Domherr endlich das entscheidende Schlußwort: »Was mich am meisten wundert an dem Wunder, ist die großmütige Bescheidenheit des hl. Antonius in der Wüsten, des großen Einsiedlers, den wir manchmal übermütig den »Ferkeltoni« heißen. Er hätte nämlich den kostbaren Eber heilen müssen. Die Schweine sind seine Schützlinge und der Saustall ist sein Revier. Der hl. Leonhard schützt doch lieber Pferd und Rind.«

Darüber wurde noch lange fröhlich hin- und hergeredet und drei Flaschen Wein getrunken. Im Laufe des Abends wurde sich der Prälat immer gewisser: »Der Ferkeltoni hat den impotenten Maxl wieder in die Höhe gebracht. Aber bescheiden wie die Einsiedler sind, hat er die Ehre dem hl. Leonhard überlassen.«

DER HUND DES HL. DOMINIKUS

Es ist nicht zu glauben, die Hunde haben gleich mehrere hl. Schutzpatrone: Den hl. Bernhard, der den tüchtigen Bernhardinerhunden wenigstens den Namen gegeben hat. Dann, schon seit alter Zeit, die hl. Siebenschläfer. Die da fast dreihundert Jahre lang, als eingemauerte Märtyrer, in einer Höhle geschlafen haben und durch den Abbruch eines Stalles aufgeweckt worden sind. Sie hatten ihren Hund Cani dabei, der ebenfalls mit ihnen auferweckt worden ist. Der Modler-Altar in den Siebenschläferkirche in Rotthof hatte ursprünglich diesen Hund Cani ungeniert gezeigt. Ganz vorne war er zu sehen, zwischen den beiden Hauptschläfern. Man spürt noch seinen Platz. Im vorigen Jahrhundert hat man ihn verjagt, denn ein Hund über dem Tabernakel, das war den gelehrten Herren nach der Säkularisation zu ungehörig.

Einstweilen durften die Hunde in der Barockzeit ihre Herrchen und Frauchen auch in den Gottesdienst begleiten. Mehrere Barockprediger wehren sich nur dagegen, daß auch läufige Hündinnen manchmal mitgenommen würden und im Hause Gottes ein Hundegekläffe ertöne, gegen das kein Prediger mehr ankäme. Auch sollen die Viecher bei der Herrschaft im Stuhl bleiben und nicht bis zum Hochaltar vorspazieren, um dort auch noch das Geschäft zu verrichten.

Gegen 1730/40, da die meisten Kirchen schon restauriert waren, duldete man in den schönen neuen Gotteshäusern das Hundemitbringen nicht mehr. Und bald wurde es ganz untersagt.

Der berühmteste Hundepatron bleibt selbstverständlich der heilige Dominikus, der Gründer der Dominikanerinnen und der Dominikaner. Ehvor er nämlich seinen Männerorden, mit Erlaubnis des Papstes Honorius III., am 22.12.1216 errichten konnte, hat er bereits 1206 im Kloster Prouille bei Toulouse eine Schule für bekehrte Albigenserinnen gestiftet und aus diesen Augustinerinnen sind dann bald seine Dominikanerinnen geworden.

Die Bekehrung der gefährlichen Albigenser war sein Lebensthema, war seine Leidenschaft. Als er, der Verwandte des Bischofs Diego von Azevedo,

Chorherr geworden war, durfte er den Bischof auf einer, vom König von Spanien befohlenen Reise nach Frankreich begleiten. Sie sollten dem König eine Braut zuführen. Das Unternehmen war also eine Brautfahrt. Aber schon in Südfrankreich lernte der feuerige und strenggläubige Chorherr Dominikus Guzman die Albigenser kennen. Das waren damals sozialrevolutionäre Irrlehrer, die aber, wegen ihrer evangelischen Forderung nach Armut und Gerechtigkeit, einen großen Zulauf hatten. Dominikus disputierte z. B.mit seinem Gastwirt, der auch ein Albigenser war, eine ganze Nacht lang und konnte ihn doch kaum bekehren. Da blieb er solange bei dem Mann, bis er dessen Rückkehr zum Glauben der Kirche erwirkt hatte.

Er hatte seine Lebensarbeit entdeckt, die Bekehrung der Albigenser. Mit unglaublichen Anstrengungen, vor allem mit dem Beispiel der eigenen Armut, konnte er die Missionierung der Kirche durchführen. Das erste Generalkapitel des Ordens wurde zu Bologna abgehalten. Es erschienen dazu Dominikanerprovinziale aus allen Ländern Europas. In so unglaublicher Schnelle hatte sich sein Predigerorden ausgebreitet.

Im Jahre 1235 z. B. stiftete Konrad, der letzte Graf von Wasserburg, das Dominikanerinnenkloster Altenhohenau.

Dominikus war 1221 in Bologna verstorben. Neben dem hl. Franziskus war er der erfolgreichste Ordensgründer des hohen Mittelalters.

Aber wie wurde dieser Eiferer des Herrn ein Schutzpatron der Hunde? – Dazu konnte er nichts. Seine Mutter, Donna Johanna von Aza, träumte den Hund vor der Geburt ihres dritten Sohnes, des großen Heiligen.

Es erschien ihr ein eher kleiner als großer Hund, ein schwarz-weiß gefleckter, der in seinem Maul eine Fackel trug und die ganze Welt erleuchtet hat. – Sie verrichtete gerade in der Kirche, die einem gewissen hl. Dominikus von Silos geweiht war, eine Novene um eine glückliche Niederkunft. Da erschien ihr dieser hl. Dominikus von Silos und sagte zu ihr: »Fürchte dich nicht, wegen dieses Hundetraumes, du wirst glücklich einen Sohn gebären, der die Welt erleuchten und den Glauben erneuern wird ...«

Und sie gebar drei Tage später einen Sohn und ließ ihn auf den Namen Dominikus taufen. Dieser Traum der Mutter Johanna wurde später auf vielen Altarblättern und Fresken dargestellt. Man sieht Dominikus, aufschwebend und zu Gott betend, und zu seinen Füßen den schwarzweißgefleckten Hund mit der brennenden Fackel im Maul.

Der Orden hat große Gelehrte hervorgebracht. Auch den größten Theologen unserer Kirche, den Dr. Angelicus, den hl. Thomas von Aquin. Man kann sagen: Die Dominikaner warn Hund' – und sind's noch.

KATZEN UND HUND LIEBT UNSER SIGISMUND

Auf der langen Suche nach einem Katzenpatron bin ich endlich auf den zwar nicht heiliggesprochenen aber immerhin Salzburger Fürsterzbischof gewesen seienden Sigismund gestoßen.

In der lieben, schönen Stadt des hl. Rupert Salzburg hat vom 5. April 1753 bis zum 16. Dezember 1771 ein Fürsterzbischof regiert, der ein Mitleid nicht nur mit den Armen gehabt hat, Waisenhäuser und Spitäler vermehrt hat, sondern auch eine Zuneigung zu den Haustieren, besonders zu den Hunden und Katzen.

Sie durften in den Zimmern der fürsterzbischöflichen Residenz herumlaufen, die kostbaren Fauteuils, Sitzbänke und Taburetts zerkratzen, durften beim Fürsten gar manchmal im Bett liegen, ja ihn beim Spaziergang durch die Stadt begleiten. Eigene Diener führten die Hunderl an den Leinen. Und die Katzen trugen schöne Schleifen nach den Farben des Kirchenjahres. Seine Lieblingshunde hießen »Finetl« und »Poli«. Oft näherten sich ihm arme Untertanen mit ziemlich ausgehungerten Hunden. Der Fürst blieb vor den Bettlern stehen und fragte nach dem Namen des so mageren Hundes. »Finetl heißt er auch, Celsissime«, antworteten die Almosensammler. Und der Fürst zahlte ein schönes Futtergeld für das arme Viecherl. Der so bechenkte mußte dann vier Wochen später seinen Hund in der Residenz dem Fürsterzbischof vorführen. Meistens hatte dann der »Poli« immer noch nicht zugenommen und Sigismund von Schrattenbach mußte das Futtergeld verlängern. Fast täglich fanden sich solche Hundevorführer bei der hochfürstl. Mittagstafel ein. Manchmal kaufte er das arme Hunderl oder Katzerl und ließ es in der Residenz versorgen. Die Salzburger Geschichtenschreiber Zauner, Tettinek und Sattler – und auch Hans Widmann in seiner dreibändigen Geschichte Salzburgs – glauben, daß die Bedienten der Hofhaltung hier und da so ein zugekauftes Viech umgebracht haben, damit die Hunde nicht überhand genommen hätten. Daß dies aber sehr heimlich hat gehen müssen, da der Fürst sowas nicht geduldet hätte. »Wir wollen dös Katzerl doch aufpäppeln? Habts net gnug aufpaßt?«

Nach seinem Tod soll das ganze Mobiliar zerfetzt gewesen sein. Man mußte die Polstermöbel neu tapezieren lassen.

Wegen seiner »Bigotterie«, wie die aufgeklärten Kritiker seine tiefe soziale und musikalische Frömmigkeit genannt haben, sei der Fürst viel ausgenützt worden. Wer befördert werden wollte, der lud Nachbarn und Verwandte ein, riß, beim Herannahen des geistlichen Fürsten samt Musik und Gefolge, das Fenster auf und betete laut: »Für unseren hochwürdigsten Herrn Fürsterzbischof Sigismund nochmaln ein Vaterunser, daß ihn Gott weitershin in Weisheit und Mildtätigkeit regieren lasse, Vater unser ...« Da sei Sigismund dann immer wieder gerührt stehen geblieben und habe gefragt: »Ja, wer wohnt denn da?« Der Mann wurde befördert oder hat zumindest ein schönes Geschenk erhalten.

Zwar schreibt P. Gärtner, ein Mönch von St. Peter, »wenn er nach langem Gebet einen Entschluß bekannt machte, war er davon nicht mehr abzubringen«, aber Schrattenbachs Eigensinn hat doch einiges geleistet. Z. B. setzte er den Zinsfuß von fünf auf drei Prozent herab. Was vor allem das Domkapitel geärgert hat. Damit das Geld etwas mehr wurde im Land und auch die ärmeren Leute eins in die Finger kriegten, ließ er Zweikreuzerstücke prägen, sogenannte Halbpatzen, was zur Folge hatte, daß die Handelsleut ihr gutes Geld lieber im Ausland anlegten, zumal er auch noch die Silbertaler und Golddukaten an Wert vermindert hatte. Aber dergleichen Finanzregulierungen sind ihm während des Betens gekommen. Er hielt sie für segensreich und blieb dabei, wenn auch die Staatsschulden langsam zugenommen haben.

Gern ließ er von dem im Salzburger Domkapitel unbeliebten Jesuitenpater Parhamer Missionspredigten und Kinderlehren im Dome abhalten. Und Parhamer machte aus jeder Predigt eine fröhliche, geistliche Komödie, daß die Leut sich »mehr unterhalten als erbaut haben«.

Manchmal hielt er die Religionsstunde im Dom selber und fragte auch Erwachsene aus sogar hochwürdigste Herrn vom Domkapitel. Sodaß der darob aufgebrachte Domdekan Graf Zeil an solchen Tagen geschäftehalber in Salzburg nicht anwesend war.

Und immer mußte bei ihm musiziert werden. Er hat viele Andachtsmusiken komponieren lassen, Litaneien und Vespern. Anläßlich der Hochzeit seiner Nichte im Schloß Mirabell, befahl er geradezu eine Liturgie der vorabendlichen Einsegnung des Brautbettes und des Nachthemdes der Braut. Der ganze Hof mußte dabei anwesend sein und die Hofmusik mußte eine erbauliche und fromme Musik aufführen, darunter auch die Allerheiligenlitanei singen. In den hofmeisterlichen Notizen heißt es dazu recht kritisch, daß die neuen Zeremonien das zusammengefaltete Nachthemd mit Weihrauch und Weihwasser einzusegnen befohlen haben. Und nach Auseinanderfalten desselben sei nochmal inzensieret worden. Schier schon ohne Katzen und Hund eine heilige Viecherei. Und doch fromm und musikalisch. Sittenstreng und immer verliebt.

Für die Hunde und Katzen war das Dasein am fürstbischöflichen Hof eine feine Sach, eine Gaudi, eine Hetz, eine »Viecherei«. Der Poli soll ihm sogar einmal bei einer Prozession in den Dom hinein nachgelaufen sein.

Seine Gutmütigkeit kannte keine Grenzen. Die ganze Stadt Salzburg ließ schließlich in der Schrattenbachzeit in der Residenzwäscherei ihre Wäsche waschen. Und auch noch weitschichtige Verwandte der kleinsten Hofchargen verproviantierten sich aus den fürstlichen Backstuben, Küchen und Kellern. Und doch waren die Schulden, die er hinterlassen, gar nicht so groß geworden (kaum 200 000 Gulden). Die aufgeklärten Nachfolger haben seine barocke Mißwirtschaft verschrien. Der Fürst hinterließ jedoch in den verschiedenen Schubladen seiner Gemächer ebensoviel, an die 200 000 Gulden in Gold, was der Nachfolger Hieronymus zur Bezahlung seiner Wahlkapitulationen gut gebrauchen konnte.

Die Hunderln und Katzerln wurden nun aus der fürstbischöflichen Residenz vertrieben. Es gab keine »heiligen Viechereien« mehr in der nüchterner werdenden Welt. Und Tierheime hatte Schrattenbach dann doch noch nicht gegründet. Dazu haben selbst die Aufklärer noch länger als ein Jahrhundert gebraucht.

Daß Mozart gerade in Salzburg auf die Welt gekommen ist, das ist schon einmal eine beglückende Harmonie, weil man in Salzburg, allerweil schon über die Maßen gern musiziert hat. Die Stadt selber ist eine Musik.

Aus Juvaviens Bergen strömt die Salzach, das Erzstift zu salzen, den Geist Gottes wehen zu lassen in der allerliebsten Zungengestalt des hl. Geistes, die es gibt, in der Sprache der Kirchen-Musik. Was heißt bei so einer hl. Musik überhaupt »Sprache«? Es ist ein seraphischer Odem, ist reiner Herzensgeist. Wahrscheinlich versteht auch das liebe Vieh die geistliche Musik, kann jubilieren, tanzen und danken für jeden wohlen, unversehrten Augenblick im Dasein der Kreatur. Ahnt und ahnt nicht, wie das Lamm, seinen Opfertod für die Nahrung der Menschen.

In den hl. Seufzern des »Cruzifixus etiam pro nobis« einer Mozartmesse hören wir von der Erlösung der Welt. Es gab und gibt Leut, die sogar Katzen und Hunde verzehrten. Gefressen werden ist keine hl. Viecherei. Aber gebt euch nicht der Trauer hin, jeder Hauch, so himmlisch er singt, so menschenfreundlich lieb er klingt, kennt die Vergänglichkeit des Lebens, kennt den Tod.

In Salzburg hat man keine Angst. Die Musik zwischen Mönchsberg und Kapuzinerberg ist zu fein, zu fromm.

Der bezaubernde Schwung der Architektur, die Theaterkulissen des anmutigen Unterbergs und des Gaisbergs, die alltägliche Festtagsstimmung der hochwürdigsten Herren des erlauchten Domkapitels, ein bißchen fromm und ein bißchen vollblütig-geistvoll, harmonieren mit der tiefen Unbeschwertheit der Serenaden Mozarts.

Eine klingende Viecherei im Welttheater wenn in Hellbrunn, zum klingenden Spiel im dortigen mechanischen, wassergetriebenen Puppentheater der Metzger den Stier tötet und derselbe immer wieder aufersteht.

Nein, es ist kein Zufall, daß Mozart ausgerechnet in Salzburg auf die Welt gekommen ist. – Er hat dem Erzstift ein noch wertvolleres Salz hinterlassen als der heilige Sankt Rupert mit seinem Attribut, dem Salzfassl. Und dem Salz läuft das Vieh halt nach.

Man könnte stundenlang dahinschwärmen von der guten Wesenseinheit mozartischer Musik und unseres lieben Heiligen Rupert schöner Stadt.

Ist das Salzburger Land nicht durch und durch eine bayerische Landschaft? Haben zum Territorium des glücklichen Erzstiftes, das nicht einmal den Dreißigjährigen Krieg hat mitmachen müssen, haben zu dieser »Schweiz des 17. und 18. Jahrhunderts« nicht auch Ländereien des heutigen Bayern gehört? Der Rupertigau und die Stadt Mühldorf, die Landgerichte Waging und Teisendorf, Tittmoning und Laufen, die man einst die Kornkammern Salzburgs genannt hat. Fürsterzbischöflich-salzburgisch war also auch das schöne Mühldorf und waren etliche andere bayerische Pfarreien, wie zum Beispiel Buchbach oder auch, vom Erzstift beansprucht, von Bayern aber desgleichen, der Marktflecken Gars am Inn, desen territoriale Zugehörigkeit Jahrhunderte über mit einem reichskammergerichtlichen Interimsspruch territorial zwischen den Mächten geschwebt hat. Und das bis zur Säkularisation, bis zur Mediatisierung der Reichsstifte, also bis zum Ende des Fürsterzbistums. Und ist auch gegangen. In Gars hat man halt zweimal den Zoll bezahlen müssen, vor einer bayerischen und vor einer salzburgerischen Schranke, hundert Meter nacheinander. Jeweils die Hälfte. Fast 300 Jahre lang! Eine Viecherei des hl. Römischen Reiches, besonders des Reichskammergerichtes in Wetzlar. Interimslösungen sind oft dauerhafter wie endgültige Lösungen. Das ist ein Trost.

Aber noch viel tröstlicher ist es, daß ein Teil Bayerns einmal fürsterzbischöflich-salzburgisch gewesen ist. Überhaupt ist das Erzstift mit dem Salzkammergut bis ins 12. Jahrhundert hinein bayerisch gewesen. Und nach der Säkularisation wieder. Eine unruhige Zeit damals: Kehrt der Fürsterzbischof zurück? Wird Salzburg bayerisch bleiben, oder habsburgisch österreichisch werden?

Die Münchner Diplomaten haben es auf dem Wiener Kongress nicht fertig gebracht. Das ehemalige Erzstift wurde geteilt, der Rupertigau blieb bayerisch, die Länder jenseits der Salzach mit der Stadt wurden österreichisch. Mit der schönen lieben geistlichen Stadt. Die bayerische Gesandschaft auf dem Wiener Kongreß, Fürst Wrede und Kronprinz Ludwig, haben alles versucht, die Stadt zum bayerischen Landesteil zu schlagen. Ludwig hat eigentlich erst nachgegeben, als ihm Fürst Metternich und der Kardinallegat die Auslieferung des Barbarinischen Fauns nach München in seine neue Pinakothek zugesagt haben. Sooft ich den Faun sehe, denk ich an diese nicht ganz heilige Viecherei, daß wir Salzburg für den Faun getauscht.

Die Krönungsmesse kennt ein jeder. Ein fürsterzbischöflicher Hofkomponisteur hat viele Messen schreiben müssen. Eine schöner wie die andere. Man könnt' jeden Sonntag eine hören. Keine andere Weltreligion hat eine so feine Kirchenmusik. In jedem Hauch steckt der Glaube einer eineinhalbtausendjährigen salzburgischen Frömmigkeit. Die Fürsterzbischöfe waren die Metropolitanbischöfe für viele österreichischen und bayerischen Diözesen, waren die Erzbischöfe für Freising und Passau und Regensburg grad so wie für die Bistümer Gurck, Brixen, Seckau und Chiemsee. Dazu gehörten die Archidiakonate Gars und Baumburg und – leicht umstritten – die Fürstprobtei Berchtesgaden. Ja, die Fürsterzbischöfe von Salzburg führten die Titulatur eines »Primas Germaniae«, eine Art »deutschen Papstes« und durften immer den Kardinalspurpur tragen, auch wenn sie nicht ausdrücklich zum Kardinal kreiert worden waren. Und das heute noch.

Was heißt da schon »Wiener Klassik«? Es ist eine feine gesamt-bajuwarische Musik, die bayerisch-österreichische Kirchenmusik. Denn Wien ist unsere andere Hauptstadt. Der Vater Mozarts ist ein Augsburger gewesen. Und zwischen Augsburg und Wien gibt es viele musikalische Örtlichkeiten, viele hervorragende Kirchenchöre und Schulorchester in den großen Abteien.

Ob weißblau oder rotweißrot, zwischen Augsburg und Wien liegt Salzburg, unter den europäische Provinzen jahrtausendlang ein Herzstück christlicher Frömmigkeit. Auch wenn die Salzburger Domherren hochgeborene Grafen aus Schlesien und Böhmen, aus der Steiermarck und aus Tirol, aus Kärnten und Niederbayern, aus Schwaben und Oberbayern, aus Franken und dem Rheinland gewesen sind. Salzburger Domherr hat halt nicht ein jeder werden können. Aber jeder Salzburger Domherr hat zum Fürsterzbischof und Landesfürsten gewählt werden können.

Die Wahlkapitulationen Salzburgs waren nach der Goldenen Bulle des hl. Reiches, genau festgelegt. Die Wahlverfassung kannte viele Vorschriften, eine davon hieß: Kommt auch beim fünfzigsten Wahlgang der Herren hochwürdigsten Domherren immer noch für keinen Kandidaten die notwendige Mehrheit der Stimmen zusammen, so hat der Heilige Stuhl in Rom das alleinige Präsentationsrecht.

Gottseidank hat dieser Wahlkapitulationspunkt niemals praktiziert werden müssen, denn die Salzburger Hochwohlgeborenen und Hochwürdigsten Kapitelherrn haben meistens nur zwölf oder 24 Wahlgänge benötigt. Mit einer einzigen Ausnahme – und das war die Erwählung des schrulligen und musikliebenden Domherrn Sigismund Christoph Grafen von Schrattenbach zum Salzburger Fürsterzbischof im Jahre 1753 gewesen. Dieser Sigismund von Schrattenbach ist ein Gönner der Familie Mozart gewesen. Er ist immer gemeint, wenn der junge Mozart vom »Fürsterzbischof« schreibt. Und ist dieser Sigismund von Schrattenbach, ein Liebhaber mozartischer Musik, hl. Zeremonien und sollener Gottesdienste, ein großer Hunde- und Katzenfreund gewesen.

»Katzerl und Hund liebt unser Sigismund«, sagten die Salzburger. Musikalisch war er durch und durch.

Er ist erst im 49. Wahlgang des Salzburger Konklaves gewählt worden. Und das obendrei völlig unerwartet. »Der Heilige Geist muß die Wählenden urplötzlich geführt haben«, meinte er selber. Unter seiner Regierungszeit ist das Größte geschehen, das in der Salzburger Geschichte überhaupt geschehen ist, unter dem Fürsterzbischof Sigismund von Schrattenbach ist Wolfgang Amadeus Mozart geboren worden, ist das »Exultate jubilate«, ist die Krönungsmesse komponiert worden.

Eine tausendjährige musikgewordene Frömmigkeit klingt auf, denn einmal kann das Wunder geschehen, daß sie aufbrechen die Traditionen der Seele und die ganze Welt liebkosen mit der allerliebsten Sprache des Hl. Geistes, mit der Musik gewordenen Liebe. Mozart – Salzburg – und der Landesherr Wolfgangi Amadei – dieser viecherlnarrische Fürsterzbischof, unter dem er geboren ist, der ihn gefördert hat, dieser harmonische Akkord mußte die Welt beglücken. Sigismund von Schrattenbach, »mit tiefem o bitte, mir san ein alter steirischer Adel«, hat er selber gern gesagt, kann als ein vielseitiges Original der bayerisch-österreichischen Kirchengeschichte gelten. Er allein war eine heilige Viecherei.

Ohne Sigismund von Schrattenbach, das getraue ich mir zu behaupten, hätte es keinen Mozart gegeben, justament unter seiner Ägide – im dritten Jahre seiner Regierung – hat er geboren werden müssen. Denn Sigismund war unter allen Salzburger Fürsterzbischöfen der frömmste, verliebteste, musikalischste, schrullenhafteste, merkwürdigste und seltsamste Mensch gewesen, der sich denken läßt. Ob seiner exemplarischen Originalität hätte man ihn um ein Haar nicht gewählt. Ihm, dem Schwärmer für Katzen, Narren, Kinder und Hund, dem altmodischen, verzopften, leichten Aufklärer, dem Erbauer des Neutors, dem Komödienfreund, Litaneien- und Orchestermessenliebhaber, dem Zeremonienkenner, dem vorletzten unter den Fürsterzbischöfen Salzburgs, ist es mitzuverdanken: Nur unter seiner Regierung hat ein Mozart geboren werden können.

Im März 1753 trafen in der Salzburger Stadt die Herren vom Hochwürdigsten Domkapitel ein. Unter ihnen zahlreiche Bischöfe, Suffragane von Salzburg, aber auch Exzellenzen aus anderen Erzdiözesen, wenn sie zugleich auch Salzburger Domherren waren. Domherrnpfründe waren sehr beliebt und man mußte, um ihre Einkünfte genießen zu können, nicht unbedingt am Sitz des Bischofs residieren. Zur Residenzpflicht genügten jährlich etwa 14 Tage. Man konnte diese in etlichen Jahren zusammen abresidieren und sich durch einen anderen Herrn gelegentlich auch vertreten lassen, wenn nur die baren Domherrneinkünfte jährlich ausbezahlt wurden. Domherr zu Salzburg konnte allerdings nur ein hoher Adeliger werden, ein Graf, der mindestens 16 gräfliche Ahnen hat nachweisen können. Dispensen wurden selten gemacht und mußten teuer erkauft werden.

Gewählt wurde nach der uralten »constitutio in favorem principum ecclesiasticorum«, nach der Konstitution zur Begünstigung der geistlichen Fürsten im Reich. Die sich schon aus dem Jahre 1221 herdatierte. Wer aber Fürsterzbischof wurde, hing von den Höfen zu Wien und München ab. Ein wenig auch vom Regensburger Fürstentag.

Bayern wollte, wegen der Salzverträge, einen ihm genehmen Kandidaten auf den Stuhl bringen. Selbstverständlich übte der kaiserliche Wahlkommissär einen großen Einfluß aus. Besonders im Salzburg des 18. Jahrhunderts, seit der Katastrophe Max Emanuels.

Ein diplomatisches Ränkespiel, nicht zuletzt unter den ständigen Gesandten und Agenten am immerwährenden Reichstag zu Regensburg, ging den jeweiligen Wahlen voraus. Die großen bischofsfähigen Geschlechter, die Schönborn, Seinsheim, Lichtenstein, die Thun, Firmian und Dietrichsstein, die Zeil und Harrach und Lodron, Colleredo etc. mischten kräftig mit, so sie geistliche Brüder in irgendwelchen Domkapiteln sitzen hatten. Meistens bekamen die jungen Herren schon im Knabenalter geldige Domherrnpfründe. Die Schönborn zu Trier, Würzburg, Bamberg und Mainz hatten z. B. in Niederbayern einen Neffen, einen Grafen Hermann von Seinsheim. Der war schon mit sieben

Jahren Domherr zu Bamberg, Eichstätt und Würzburg und mit 16 bekam er auch noch eine Domherrnpfründe zu Salzburg. Hier residierte er nun ständig und seine vermögenden fürstbischöflichen Onkel setzten viel daran, daß er Fürsterzbischof von Salzburg werden würde. Leider verstarb der junge Prälat bereits mit 26 Jahren. Er wäre bestimmt Schrattenbachs Nachfolger geworden, anstelle des aufgeklärten Colleredo. Und dann wäre Mozart möglicherweise in Salzburg geblieben?

Das sind Spekulationen und »nix Gewisses weiß man nicht«. Eine Wahl ist immer ein Theater. Und ganz besonders war das die Erwählung Sigismund von Schrattenbachs.

Auch die Salzburger Bürger hatten einen nicht zu unterschätzenden Einfluß, obschon er illegal war und in keiner Wahlkapitulation vorgesehen war. Denn nicht wenige der ständig in Salzburg residierenden Domherrn waren bei ihnen verschuldet. Die Wählenden hatten viele Rücksichten zu nehmen.

Die Bürger wollten einen Fürsterzbischof, der sich in Salzburg gut auskannte, der ständig hier residiert hatte, der nicht zu viele Domherrnpfründe in seinem Prälatentum vereinigte, der also selber nicht allzu reich und mächtig hergestammt hat.

Aber natürlich dachten sie 1753 nicht unbedingt an den Sigismund von Schrattenbach, an diesen schrulligen Herrn, der schon als Domherr sich viele Hunde und Katzen hielt in seinem kleinen Palais, der viel musizieren ließ und sehr leger und originell war. An dieses Original wagten sie nicht zu denken. – Oder doch? – Haben sie sich nicht gesagt, am liebsten wäre uns halt der Sigismund? – Aber der wär ja ein Bischof zum Lachen! Als Dompropst war er schon überfordert.

Vom Bayerischen Hof hatte man anno 1753 eine freie Hand. Und auch die Kaiserin Maria Theresia hatte andere Sorgen. »Wer in Salzburg diesesmal gewählt wird, ist mir von Herzen gleich«, soll sie gesagt haben, »den würdigsten halt, den werden wir als den angenehmsten ansehen.« Ihr Kommissär, der kaiserliche Wahlüberwacher Graf Cobenzl, hatte keine bestimmten Instruktionen. Er wurde von der Partei des Bischofs von Gurk, eines Grafen Josef Maria Thun, auf die Seite gezogen.

Fürsterzbischof werden wollten natürlich fast alle wählbaren Herren. Der Domdechant Ferdinand Christoph Graf Zeil, der spätere Bischof von Chiemsee, hatte sich die allergrößten Chancen ausgerechnet, zumal auch der Vorgänger, der verstorbene Fürsterzbischof Andreas Jakob von Dietrichstein, ihn, den Domdechanten, für den fähigsten gehalten hatte. Graf Zeil fühlte sich zum Regenten geboren und wollte unter allen Umständen gewählt werden. Zeitlebens hat er auf Schrattenbach, den er einfach für einen unfähigen Trottel gehalten hat, tief herabgeblickt und zu allen Vorschlägen Gegenvorschläge ausgearbeitet. Sigismund verbannte den Domdechanten von der Hoftafel, mit der Begründung, er verkleinere dieselbe wie zu des Fürsterzbischofs Harrach Zeit und speise zu festlichen Anlässen allein, zumindest ohne den großen Hofstaat. Graf Zeil hat geantwortet: »Celsissime Sigismundo möge auch sonsten nur ja der löblichen Regierung eines Harrach nacheifern«!

So ging es hin und her, denn auch die geistlichen Herren haben unter sich gelegentlich einen Streit.

Natürlich, selbst die Englein sollen sich manchmal zanken, wie im Buche Daniel zu lesen. Obschon es Sigismund als einen Skandal empfand, daß man in so heiligen Hallen wie im Domkapitel gar unmenschlich rachsüchtig sei.

Im März hatte das Salzburger Konklave begonnen und nun war es schon April und man hatte noch keinen Fürsterzbischof.

Schon hatte man den 45. und 46. Wahlgang hinter sich, ja den 48. Jetzt war eine Pause notwendig. Denn wenn im 50. Wahlgang immer noch nichts herauskommt und kein Kandidat die Zweidrittelmehrheit bekommt, dann bestimmt der Papst den Fürsterzbischof und das Domkapitel hätte sich ein unauslöschliches Präjudiz zuschulden kommen lassen. Die ganze Welt würde lachen.

Man verhandelte und tuschelte und schacherte. Die Thunanhänger und die Zeilanhänger einigten sich endlich auf einen dritten Kandidaten, auf den Bischof von Brixen. Man schritt zum 49. Wahlgang. An Sigismund von Schrattenbach dachte noch immer niemand. Und doch, kurz vor der Wahl, verkrachte man sich abermalen. Daß nicht Rom eingreife und auch aus Unversöhnlichkeit der Parteien, aus Trotz und zum Gaudium, gaben nun alle ihre Stimme dem Unwürdigsten, dem Original Schrattenbach. Ohne daß sie davon voneinander gewußt hätten, sagt der Zeitgenosse und Augenzeuge Graf Sinzendorf, der bayerische Wahlkommissär. »Nur weil keiner keinem die Stimme vergönnte, wählten sie den Schrattenbach mit einer Stimme Mehrheit.« Schrattenbach hat daraus gleich eine »einstimmige Mehrheit« gemacht. Die Überraschung war groß. Was der Schrattenbach? – Das darf nicht wahr sein! Die Salzburger aber freuten sich.

Im letzten Augenblick hatte man also doch noch aus eigener Kraft einen Fürsterzbischof gewählt, auch wenn man sich mit diesem Kandidaten blamieren würde. – Wie es das Protokoll vorschreibt, wurde der Erwählte vom Domdechant gefragt, ob er die Wahl auch annehme. Vielleicht hat er einen hellen Moment und nimmt die Wahl nicht an? Er ist grad wieder in eine fromme Melodie versunken, lächelt verklärt, bemerkt nicht, daß die Baldachine aller

Domherren gefallen sind, nur der seine nicht. Dieser Katzen-Narren- und Musiknarr, dieses bajuwarisch-kärtnerische barocke Original wird doch hoffentlich die Wahl ausschlagen und lieber dem Heiligen Vater die Entscheidung überlassen!

Niemand eigentlich hatte den Wahlakt ernstgenommen. Man wollte doch einander nur zeigen, daß man diesen Schrattenbach noch eher wählen würde als einen Grafen Zeil oder den Grafen Thun von Gurk.

Und weil viele so gedacht, wird der Schrattenbach »einstimmig« gewählt.

Der Domdekan mit Assistenz tritt vor ihn hin und stellt die große Frage: »Sigismunde, Domine de Schrattenbach accipisne electionem nostram? Erwählter Fürsterzbischof, nehmen Sie unsere Wahl an? Gespannt lauschen alle die Hochwürdigsten Herren Exzellenzen auf die Antwort des schrulligen Herrn mit der lustigen Nase und den schlitzohrigen Äuglein, die so fromm dreinschauen können.

Der Erwählte ist tief erschrocken und zunächst keiner Antwort fähig. Nach einem Vaterunser nickt er – nach wiederholter Frage – nickt er dann nochmal beiläufig und sagt: »In Gottes Namen ja, accipio, ich nehm die Wahl an. Aber, meine lieben Mitbrüder, nicht weil ich mich für die Regierung unseres lieben Salzburger Landes und des großen Fürsterzbistums für tauglich halte. Allein deswegen, weil ich ungewollt von den Menschen, ja von den Wählern selbst, bin erwählet worden. Darin sehe ich den Fingerzeig des allmächtigen Gottes. Der Heilige Geist hat diese Wahl gelenkt, ich bin neugierig, was er mit mir vorhat? Ich nehme die Wahl an!«

Die Domherren sind ergriffen und verblüfft. Das Protokoll nimmt seinen Fortgang. Der Erwählte wird mit dem Pallium des hl. Rupert bekleidet, wird zum Bischof geweiht, mit den Salzburger Ländern vom Kaiser belehnt, er zieht feierlich in seine Hauptstadt ein. Die Bürger huldigen ihm. Die Schlossergesellen hämmerten nach altem Brauch – secundum consuetudinem – auf ihren Ambossen, das Volk wurde gespeist, die Armen beschenkt.

Es begann eine glückliche Regierungszeit. Und sie währte lange. Obwohl Schrattenbach schon 54 Jahre alt war bei seiner Erwählung, regierte er noch fast 20 Jahre. Und was der Heilige Geist mit seiner so auffallend merkwürdigen Erwählung in seiner göttlichen Vorsehung im ewigen Ratschluß hatte, das war die Geburt des größten Kirchenkompositeurs der deutschen, vielleicht sogar der abendländischen Christenheit, das war die Geburt des Wolfgang Amadeus Mozart. Im dritten Jahr seiner Regierung, genannt die Induktion, im dreieinigen dritten Jahr, am 27. Januar 1756 wurde er geboren und tags darauf in der Dompfarrei getauft.

Rokoko-Lüftlmalerei am Schopferhaus in Walchsee, Tirol. Daniel in der Löwengrube.
(Foto: Hermann Reichmann)

Weltenburg. Der hl. Georg mit Drachen und geretteter Jungfrau.
Bühnenaltar von Egid Quirin Asam (1692–1750). (Foto: Hermann Reichmann)

Auf dem Theklaberg bei Welden. Fresken aus dem Leben der hl. Thekla, die weder in Öl gebraten, noch von den Löwen gefressen werden konnte. Die Raubtiere legten sich zutraulich ihr zu Füßen. Thekla starb friedlichen Todes mit 80 und rechnet dennoch zur ersten Märtyrerin.

(Fotos: Hermann Reichmann)

Pfarrkirche Velburg. St. Dominikus mit Hund, eine brennende Fackel vor der Weltkugel im Maul. Traumgesicht seiner Mutter vor der Geburt. Dominikus wird in der Welt ein neues Licht entzünden.

Votivbilder
in der Wallfahrtskirche
zu Kösslarn im Rottal.
Maria hilf der Bäuerin
und den Kühen!
(Foto: H. Reichmann)

Sigismund von Schrattenbach hat den Vater Leopold Mozart, gleich nach seinem Regierungsantritt zum Vizekapellmeister befördert. Der hatte in Salzburg als Kammerdiener beim Grafen Thun angefangen, war zugleich ein vielbegehrter Geiger und Orgelspieler. Er musizierte bereits in den vierziger Jahren im Haus des Domherrn Schrattenbach. Der ihn in die fürstbischöfliche Hofkapelle hineingebracht hatte und der ihn von der Juristerei abgeraten und zum Musiker animiert hatte.

Über Sigismund von Schrattenbach schreiben die Historiker der aufgeklärten Zeit überwiegend nur Schlechtes. Sie verspotten ihn, stellen ihn als einen »bigotten Frauenliebhaber« hin, der nur Verrücktes im Kopf gehabt hätte, sich mit zahlreichen Hofnarren umgeben hätte, besonders mit kuriosgewachsenen Zwerglein, »Fexen« genannt. Wenn Sie den Salzburger Zwergerlgarten in Mirabell besuchen, können Sie einige der fürsterzbischöflichen Hofzwerge sehen, den »Philosophen« und den »Professor« zum Beispiel.

Zusätzlich war Schrattenbach ein großer Katzen- und Hundeliebhaber. Er kaufte fortwährend sträunende Hunderl und Katzen auf, ließ dieselben herausfüttern und die lieben Viecherl mußten dann mit dem Herrn alle spazierengehen. Geführt von eigenen Hoflakaien, angetan mit den Bändern und Leinen in den Farben des Kirchenjahres. Also in Rot, wenn der Tag auf einen Martyrer fiel, oder in Violett während der Fasten. Der musikalische Spaziergang Schrattenbachs war noch lange in der Erinnerung der Salzburger Untertanen und im ganzen Fürsterzbistum war der Spruch im Schwange: »Narren, Katzen und Hund' – liebt unser Sigismund!«

Das kleine Orchester ließ er immer um sich herum spielen. Manche boshafte Zungen behaupten: auch an geheimsten Orten. Von seinem Hoffurier sind etliche Aufzeichnungen über Schrattenbachs Schrullen überliefert, etliche sechzehn handgeschriebene Blätter.

In seinem Hofmeisterbüchl berichtet der, daß Sigismund sich von der Tochter des Mesners der Schloßkapelle zu Mirabell, so er in diesem Lustschlößl nächtigte, noch gern am späten Abend zum Bettgehen, ein feines Brathendl servieren hat lassen. Von ihr ganz allein! Und daß der Vater der Magd, der Mesner, »derowegen darauf besteht« daß sein Töchterl bei Hofe deshalb eine entsprechende feste Anstellung bekommen müsse. Aber wie dieses durchaus nicht mehr möglich sei, da alle Positionen schon besetzt seien. Und wie der Fürsterzbischof nun darauf bei ihm, dem Hofmeister, der Mesnertochter die Stellung eines fürsterzbischöflichen Kuchlmensches mit einem Machtwort befohlen hätte »eines Supernumerari-Kuchlmensches«. So lautet die offizielle »Titulation«.

Hat nun dieses fürsterzbischöflich-salzburgische Supernumerari-Kuchlmensch auch noch einen Einfluß auf die Politik gehabt?

Vielleicht doch? Daß die Salzburger auch noch in der fürsterzbischöflichen Waschküche alle haben ihre Wäsche mitwaschen lassen dürfen? Sich alle haben aus den fürsterzbischöflichen Weinkellern zu bestimmten Familienfesten verproviantieren dürfen ... Das alles war zu Schrattenbachs Zeiten erlaubt.

Da haben die Salzburger anders geschaut, als unter dem Nachfolger diese Supernumerari-Zuwendungen aufgehört haben. Aber gerade das Überzählige, Supernumerari-Kuchlmenschliche macht uns glücklich.

War er schon als Domherr auffällig originell, als Fürst erregte er noch mehr Aufsehen.

»Celsissime haben befohlen, daß die fürsterzbischöflichen Hofdamen heute ohne Reifröcke zum Domherrenschießen erscheinen mögen«, heißt es auf einem Zettel. Doch eine Verleumdung seines Nachfolgers Colleredo mag die Behauptung sein, Schrattenbach sei auch ein Frauenliebling gewesen. Wem soll man schon mehr glauben, dem Colleredo ohne Gloria und Credo oder dem lieben gutmütigen Schrattenbach? Der Colleredo ließ dem Mozart im Juni 1781 durch den Grafen Arco einen Fußtritt geben. – Wie ganz anders hatte Sigismund das junge Genie gehegt und gepflegt. – Als man dem 12jährigen seine von Kaiser Josef in Auftrag gegebene Oper »Finta simplice« hintertrieb, weil man das Werk eines Kindes nicht aufführen könne, verfügte Schrattenbach die Aufführung in Salzburg. Sigismund ließ das junge Genie nach Herzenslust auf Reisen gehen, den Wunderknaben samt Vater und Schwester. Er tat es oft schweren Herzens, denn er wollte seinen titulierten Kapellmeister, »den kleinen Mozartl«, gern selber in Salzburg hören, aber sagte er, »so einem Genie wie dem Wolfgang darf man nicht im Weg stehen. Er legt dem Erzstift überall Ehre ein. Der gehört nicht nur Salzburg, der gehört der Welt«.

Ging also der Fürstbischof spazieren, öffneten die Salzburger die Fenster und sahen dem Hunde- und Katzenzug nach. Manche boten ihm unterwegs neue ausgehungerte Viecherl an und der Fürst jammerte sich der ärmlichen Tiere und kaufte sie für teures Geld. »Ja, wie heißt denn dös liebe Katzerl, han?« – »Muscherl, Celsissime!« Und »Muscherl« war der Name der jeweiligen Lieblingskatze. Die Hoflakaien machten die ständig anschwellende Hunde- und Katzenschar stillschweigend und ohne Wissen des Fürsterzbischofs allerweil wieder kleiner.

Wollte ein Salzburger Beamter befördert werden, lud er seine Verwandten alle ein, bestach den Hoffurier, endlich doch den Weg für den täglichen Spaziergang des Fürsten durch die Nagelschmiedgasse zu nehmen und öffnete dann die Fenster, wenn der Zug sich seinem Haus näherte. Jetzt beteten sie alle kräftig und laut: »Für unseren Hochwürdigsten Herrn Sigismund, daß der Herr ihn noch lange erhalte und mildtätig regieren lasse! Vater unser ...«

»Ja, wer wohnt denn da?« – Celsissime, dös ist der Stadtschreiber Blasl! – »So? Das ist aber eine fromme Familie!«

Er ließ den Mann herauskommen, sprach mit ihm und förderte sein Anliegen, schenkte ihm ein Handgeld.

»Mit dieser Bigotterie konnte man es in Salzburg sehr weit bringen«, vermerkt bissig ein aufgeklärter Historiker.

In Salzburg und aus dem Munde eines so noblen Fürsten kann man sich aber so eine Beförderung gefallenlassen.

Auch der kleine Mozartl hat ihn geliebt. Dafür gibt es viele Zeugnisse und Briefstellen. – »Unser lieber Fürsterzbischof hat mich zum Kapellmeister gemacht ...« Zum Tode Sigismunds kamen die Mozarts gerade aus Mailand zurück. Mozart hatte dort eben das Exultate Jubilate komponiert, ein Sterbelied auf den Fürsterzbischof Sigismund? Es hat sie wie ein Schlag getroffen. »Weiß Gott, was jetzt über uns kommen mag«, seufzte der Vater Leopold.

Colleredo ließ gleich die Christmette abschaffen. Er vereinfachte die Gottesdienste, strich die Andachtsmusiken. Es gibt keine Aufträge mehr, Messen zu komponieren. Hieronymus von Colleredo hielt es mit der Bildung, mit den Lehrern, mit der Hebung der allgemeinen und nutzbringenden Volksbildung. Dem Mozart war das ziemlich unsympathisch. Er wußte es nur zu gut, daß ein einziger Takt von ihm mehr Geistigkeit ausstrahlen konnte als hundert Schulweisheiten und weltliche Nützlichkeiten.

Aber der Mensch ist – mit Schrattenbach – glücklicher, wenn er Mozart hört, als wenn er noch etwas besser lesen und schreiben lernt.

Unverwüstliche Geschichten gibt es vom Fürsterzbischof Sigismund von Schrattenbach. Sein Salzburg kannte er gründlich, er hatte ja hier schon studiert. Und seit 1731 war er Domherr gewesen.

Am meisten imponieren mir seine musikalischen Verfügungen. Daß z. B. kein Brautpaar ohne Musik und schneidigen Kirchenzug in den Dom ziehen darf. Wo es nur ging, ließ er musizieren. Aber auch da traf er ermunternde und die geistliche Musik sogar noch fördernde Anordnungen. Jeden Donnerstag abends z. B. ließ er Andachten halten zur Todesangst Christi auf dem Ölberg mit großem Baßsolo. Er förderte also die Ölbergandachten besonders während der Fastenzeit, führte auch das »Todesangst Christiläuten« ein.

Hatte er als Domherr schon in seinem kleinen Palais gern den Rosenkranz beten lassen und auf Sittlichkeit geachtet, so tat er das jetzt als Fürsterzbischof im großen. – »Wilde Liebespaare« mußten geschwind heiraten. Wenn so eine Hochzeit ihn auch etwas gekostet hat. Die Folge war, daß die sich selbst gefundenen, »die wilden Liebespaare« immer mehr geworden sind. Für die vielen unehelichen, armen Kinder stiftete er Waisenhäuser. Und zwar getrennte: Eins für Buben, eins für Mädchen. Und hat nicht Mozart eine Waisenhausmesse geschrieben? – Wie schön klingt da besondes im Credo die marianische Stelle: »Geboren aus Maria der Jungfrau: Ex Maria Virgine!« Als wollte der Mozart die armen Kinder trösten und auf die Mutter Gottes als besonders liebe Mutter hinweisen? »In ihr habt ihr alle eine gute Mutter«, wollte er mit der Zärtlichkeit dieser hl. Melodie sagen. Sie haben sich verstanden der Fürsterzbischof und Mozart.

Schrattenbach hat selber gern Religionsunterricht gegeben. Nicht in der Schule, im Dom. Und er ließ auch die Domherren manchmal ausfragen. Sich selber natürlich auch. »Einmal nichts wissen ist keine Schand. Nie was lernen wollen eher.« Die originelle Schrulle verbaten sich aber die hochwürdigsten Domherren rasch. Graf Zeil verreiste in den Wochen der Katechese. Er war ein Freund musikumrahmter Andachten. Nur bei der Andacht zur Mutter Anna wurde ihm die Litanei auffällig. Die Anrufung: »Du Schwiegermutter des Heiligen Geistes«, ließ er streichen. Indem daß der Heilige Geist als göttliches Pneuma keine so menschliche Titulatur vertrage. Und schon gar keine Schwiegermutter. »Wenn auch die hl. Anna eine brave gewesen.«

Der junge Mozart mußte ihm viele Lauretanische Litaneien komponieren. Die Marienverehrung hat Sigismund nämlich sehr ernstgenommen.

Sigismund war auch der letzte große Förderer bildender Künste. Er ließ die berühmte Maria Immaculata im Domhof anfertigen und das Neutor bauen, den Tunnel durch den Mönchsberg, anno 1764/67 für nur 5000 fl., wobei er einen zehnfachen Preis für die künstlerische Gestaltung der Portale zu diesem Felsentunnel ausgegeben hat.

Seine großen Lieblingskünstler, Bildhauer, Maler und Architekten waren die Gebrüder Hagenauer, Lorenz und Wolfgang Hagenauer. Sie sind es wert gewesen. Er hat die Gebrüder Hagenauer sogar ausbilden lassen. Als Domherr schon, hat er die begabten Bauernbuben ausbilden lassen, hat den Lorenz für Jahre nach Italien geschickt und den Wolfgang auf die Wiener Akademie. Und Mozart wohnte in einem der Häuser von Hagenauers Ziehvater in der Getreidegasse.

Ist das nicht eine Relation für einen Mäzenas: 5500 fl kostete der Durchstich durch den Mönchsberg und 30 000 fl machte die Ausschmückung der Portale aus?

Viele Gotteshäuser haben die Hagenauers erbauen müssen und prächtig nüchtern ausgestattet, schon im neumodischen frühklassizistischen Stil.

Am 28. Februar 1761 durfte der junge Mozart – kaum sechsjährig zum erstenmal vor dem Fürsterzbischof aufspielen. Und Schrattenbach war sogleich begeistert gewesen von diesem Wunderkind. Er feierte gerade seinen Geburtstag und der Fürst ernannte »den kleinen Mozartl« zum titulierten fürsterzbischöflichen Konzertmeister. – 1769 schenkte er ihm zur Reise nach Italien, wohin er unbedingt müsse, 600 Gulden. Der junge Mozart bekam viel zu tun. Es wurde ununterbrochen musiziert. Serenaden, Komödien und Vespern, Litaneien und Cassationen, feine ergötzliche Abendmusiken.

Am 16. Dezember 1771 ist der gute Bischof im 74. Jahr verstorben. »Leidend an Grieß und Sand.« Ein Domherr und Gegner soll später pietätlos gescherzt haben vor seiner Gruft: »Er war ein schlechter Brunzer, bet ihm an Vaterunser!« Für Mozart, für die Hunderl und Katzen ist das Leben härter geworden.

Schrattenbach ließ auch ein Arbeitshaus errichten. »Ein Zuchthaus solls net werdn! D'Leut solln was lernen, wenns Taugenichtse sind.« Bei der Einweihung ließ er sich etliche Sträflinge vorführen.

Da sieht er einen alten grauhaarigen Mann und wundert sich: »Ja, was hast denn du angestellt, Vater?«

»Halten zu Gnaden Celsissime, a Kind hab i zeugt, ausserhalb meiner Ehe!« Der Fürsterzbischof wills kaum glauben.

»Ja freili, hochfürstliche Gnaden, solang der Herrgott zweierlei Geschlechter zualaßt auf der Welt, so lang könna aa Euer Gnaden dös net abschaffen.«

Die Antwort gefiel dem Schrattenbach so gut, daß er den Mann sofort frei ließ und ihm seine Alimente bezahlte. Man könnte stundenlang von Sigismund von Schrattenbach erzählen. Dem Mozart zuhören ist schöner. Und daß es diesen Mozart gegeben hat, das ist auch ein Verdienst von der merkwürdigen Fügung der Regierungszeit des tierliebenden Sigismund. Er war ein großer Marienverehrer, hat den Mozart die Krönungsmesse zu Ehrung der Krönung der Plainer Muttergottes in Auftrag gegeben und er betete täglich den Rosenkranz. Vielleicht rührt sein Ruf, ein Frauenheld gewesen zu sein, von einer boshaften Verunglimpfung her: denn die aufgeklärten Colleredos hingen an der Gottesmutter nicht mehr so innig.

Schrattenbach war ein guter Fürst, ein Zufall der Geschichte. Ein Herr voll der heiligen Viechereien. Und doch durfte er der Mäzen sein eines unsterblichen Genies.

Die Muschi, das Finetl und der Poli Celsissimi Sigismundi, des Primas Germaniae, nichts Lieberes findst nicht in der ganzen bayerisch-österreichischen Kirchengeschichte.

DER PFARRERSPITZ UND ANDERE VIECHEREIEN

Dem Lehrer seine Kinder und dem Pfarrer sein Hund richten die ganze Gemeinde z'grund.

Wer kann sich nicht an die weißen, bellenden Pfarrerhunde erinnern? Sie haben so gut zur schwarzen Priesterkleidung gepaßt, daß die Erscheinung der beiden fast elegant genannt werden mußte. Der weiße Spitz paßte zur Soutane. Noch besser zum langen Gehrock, zum »Schoaßbremser«. Es war schön! –

Jetzt erst in den Pfarrhöfen, in denen sie eine Ökonomie hatten, hörten die heiligen Viechereien nicht mehr auf.

Es gab Pfarrerhühner und Pfarrerenten, Pfarrer-Roß und -Küh und Pfarrer-Schaf. Im Kuhstall hatte unser Bauernpfarrer sogar einen Geißbock stehen. Obwohl der Geißbock doch eher als ein heidnisches Vieh gegolten hat!

Herrgott, war das eine schöne Zeit gewesen, als wir auf unseren Pfarrhöfen noch kräftige Bauernpfarrer hatten! Sie waren richtige Arbeiterpriester. Hatten die nämlichen Interessen wie ihre Pfarrkinder.

Und fromm genug waren sie doch auch gewesen. Exemplarisch freilich, aber genügend gebildet. Und sie wußten selber tausend heilige Geschichten.

»Dös is gar net so schlecht, Juli, daß du Juli heißt und unsere Stalldirn bist. Denn die hl. Juliane von Holland, hat auch als Stalldirn angefangen, hat die Kühe gemolken und während des Melkens dazu fleißig Latein gelernt. Und dann ist sie so eine große Heilige geworden, hat gar in einer Vision die Fronleichnamsprozession angeregt. Aber angefangen hat sie als Schweizerin. – Sei nur fleißig, dann bringst du es auch einmal so weit!«

Der Ökonomiepfarrer soll leben. Er hat uns das Christenmenschliche persönlich vorgelebt. Erinnern Sie sich?

Beim Felderumgang trägt er das Allerheiligste wie in der Fronleichnamsprozession. Und die Bauern beten laut: »Daß du die Früchte der Erde geben und erhalten wollest!«

Da kommen sie am ausgewinterten Weizenfeld des Ammeres vorbei. Meint der himmeltragende Großbauer: »Hochwürden, segnen S' mein Feld besonders gut!«

»Nein«, sagt der Ökonomiepfarrer, »da hilft der Segen nicht mehr, da gehört ein Mist hin.«

Schön singen, kurz predigen, das sind die Tugenden eines Bauernpfarrers. Er hat selber oft gesagt: »Viel wichtiger als die hochgelehrte Theologie sind mir mein Gottvertrauen und meine vierzig Stück Vieh.«

Der Pfarrhof war ein großer Bauernhof mit Stadl, Kuh-, Pferde- und Schweinestall. Die Pfarrpfründe hat über 100 Tagwerk Grund gehabt.

Ist etwas aufgekommen, daß einer der Pfarrknechte einmal im Wirtshaus gerauft hat, oder daß ihm die Rösser durchgegangen sind, daß eine Kuh verworfen hat oder eine Pfarrerdirn ins Gerede gekommen ist, dann hat unser alter Hochwürden deshalb keinen roten Kopf bekommen, sondern er hat im Wirtshaus zu seinen Bauern gesagt: »Wundert euch nicht, euer Pfarrer hat halt auch einen Saustall daheim!«

Mit dem Herrn Ökonomiepfarrer war jeder gleich auf du und du. Ich höre die Leut noch heute reden: »Der Pfarrer hat heuer schon wieder ein krankes Roß im Stall, wo er schon das Unglück mit der Ferkelsau gehabt hat! – Sein tut's was, daß das Unglück aber auch gerade unseren Herrn Hochwürden net verschont?«

So haben die mitleidigen Bäuerinnen gejammert. Aber manch kaltes Herz hat sich eher gefreut: »Das sind halt auch Sündenstrafen. Der soll nur auch wissen, wie ungerecht unser Herrgott manchmal sein kann in seinem göttlichen Zorn!«

So etwas sagt man nicht. Sowas entschlüpft einem. Und so etwas beichtet man beim Herrn Kooperator.

In den ökonomischen Angelegenheiten ist er oft kritisiert worden. War sein Getreide schlecht gewachsen, war sein neuer Baumeister schuld.

»Weil er auch den dummen Teufel zum Baumeister genommen hat! Das hätte ich ihm vorher schon sagen können, daß er mit dem Mann kein Glück hat.«

Hat es im Kuhstall nicht geklappt, dann wurde zwar auf seine Stallmägde geschimpft, aber doch auch auf ihn. »Weil er allerweil auf die Köchin aufpaßt und dieses Trutscherl von einer Stallmagd eingestellt hat. Das hätt' ich ihm gleich sagen können, daß er mit diesem Houperl kein Kaiberl davonbringt.«

Oder es hat gar geheißen: »Weil er halt selber nichts versteht! – So einem Herrn gibt man keine Ökonomiepfarrei. So einer gehört in die Stadt. Predigen tut er ja auch so viel langweilig, daß i net amal kaum einschlafen kann. Vielleicht kennt unser Herr den Ochs nicht weg von der Kuh?«

Einige der originellen Ökonomiepfarrer haben nicht schlecht predigen können. Ihre Kanzelreden waren halt vom Zeitmangel diktiert und hatten manchmal eine telegrammstilartige Kürze. Besonders während der Sommermonate hielten sie die Leute nicht lange auf. Und im Winter, wenn es recht kalt war, machten sie es noch kürzer.

An einem Frauentag hat einmal einer gesagt: »Das Folgen muß geschwind gehen. Auch die Mutter Gottes hat nicht lange sich besonnen, hat nicht herumgestottert: »Ja, vielleicht? – I woaß net.« Sondern sie hat gleich gesagt: »Jawohl, da bin ich, mir geschehe nach Deinem Worte.« So sollen auch wir nicht lange herumdrücken, wenn wir einmal eine gute Stimme in uns hören, sondern sollen gleich sagen: »Jawohl, Herr, da bin ich, dös tu ich. Amen.«

An einem Jakobitag hat unser Herr nur fünf Minuten lang gepredigt. Vielleicht waren es knappe vier Minuten gewesen. Der hl. Jakob aber ist der zweite Patron der Pfarrkirche. Er hat ungefähr gesagt: »Der hl. Jakob, liebe Pfarrkinder, der war ein heiliger, großer Wanderpediger gewesen. Und er ist immer schnell gegangen auf seinen weiten Wegen. Ihm hat es mit der Verkündigung der Frohbotschaft nämlich auch immer pressiert. Besonders wenn ein Wetter am Himmel gestanden ist. Wie auch heut an unserem Himmel eines steht. Da können wir nur auf Gott vertrauen und geschwind ins Heu gehen. Amen.«

Die Predigt ist deshalb so gut angekommen und im Gedächtnis geblieben, weil der Herr Pfarrer damals, vor lauter Eile, ein Fuder Heu umgeschmissen hat.

»Der Herrgott macht es allemal wieder recht, auch wenn wir zuerst meinen, er macht es schlecht«, hat er auch einmal gesagt und dazugesetzt: »Jetzt ist der Sommerweizen so viel schöner geworden wie der ausgewinterte Winterweizen niemals hätte werden können. Amen.«

Sie waren Originale gewesen unsere alten Ökonomiepfarrer und sie würdigten in ihren Grabreden manch verstorbenen Freund mit originellen Worten. Ich kann mich noch gut an so eine »lustige Beerdigung« erinnern. Ein Tarockbruder unseres Hochwürden wurde bestattet.

»Er war, um mit Jesus zu sprechen, ein vir vere Israelita, an dem kein Falsch war. Ich habe mit dem teuren Verstorbenen über zwölf Jahre lang tarockt. Er hat in dieser Zeit niemals einen Zehner zurückgehalten. Eher einmal einen verschmiert. Aber nicht zurückgehalten. O wie wird der Mann uns fehlen, Amen!«

Mit den Ökonomiepfarrern ist viel zünftige Menschlichkeit verschwunden.

Sie waren leutselige Christenmenschen, achteten das Fluchen eines armen Bauernknechtes für eine kleinere Sünd als das Sakramentieren eines wohlhabenden Bauern.

Heilige Viechereien sind häufig vorgekommen. Während der Fronleichnamsprozession hat da einmal unser Hochwürden mit Andacht die Monstranz mit dem Allerheiligsten getragen. Alles war gutgegangen und das Wetter war wunderschön gewesen. Die Musikkapelle hat nach jedem »Hochgelobt und gebenedeit sei das Allerheiligste Sakrament des Altares« einen Tusch gespielt. Und wie gegen Ende der solennen Bauernprozession er unter dem Himmel wieder ins Dorf kommt, geht es am Gemüsegarten des Pfarrhofes vorbei und der Pfarrer muß sehen, wie gerade die Hühner des Nachbarn darinnen herumscharren. – Er blinzelt eine Sekunde hin und macht dann mit der Monstanz einen leichten, wegjagenden Deuterer. Er zischelt dazu auch die Worte: »Gscht, Hennerviecher mistige!« – Aber sofort hat er sich wieder unter seiner andächtigen Kontrolle und trägt in frommer Versunkenheit das Allerheiligste weiter, in die Kirche.

Eine Schwäche hat er aber gehabt. Er besuchte regelmäßig alle Wirtshäuser der Pfarrei. Dabei durfte ihn sein weißer Spitzhund begleiten. Heimzu soll er etliche Male sogar gestolpert und hingefallen sein. Weil ihn dabei seine Spielkameraden und Mitkumpane begleitet haben, ist die Geschichte überhaupt erst aufgekommen. Ist er also gestrauchelt, hat er seinen Spitz geschimpft: »Herrschaft, Spitzl, lauf halt voraus, wie es sich für einen anständigen Pfarrerhund gehört! Ist er mir schon wieder unter die Füß gekommen, der Lump!« –

Solche Reden über den Pfarrerspitz haben rasch die Runde gemacht, wurden gar zu einer Redensart. Das wollte er sich nun auch wieder nicht gefallenlassen. So haben denn seine Predigten wider die verkommene Trunksucht eine Bereicherung erfahren: »... Und dann diese faule Ausred mit dem unschuldigen Spitz-Hund, die so ein Angetrunkener leichtfertig unter die Leut bringt, als daß er sich schämen tät und als offener Sünder an die Brust schlagen möchte mit den Worten: Nicht mein Spitz, sondern der Bräuspitz ist mir unter die Füße gekommen. Amen.«

Während der Sonntagspredigt hat bei ihm auf dem Ökonomiehof eine Kuh gekalbt. Der Mesner hat vorher den Auftrag bekommen, von der Sakristeitür aus ihm ein Zeichen auf die Kanzel zu machen, wenn im Kuhstall etwa es nicht gutginge und ein Katastrophe eintreten würde. Er soll sich dann also zeigen und gegen die Kanzel hin etwa seine Schultern hochziehen. Der besorgte Ökonomiepfarrer also predigt und sieht allerweil wieder hinüber in den Ökonomiehof, kann durch das Kirchenfenster aber gerade den Kuhstall nicht sehen. – Die

Predigt geht diesmal über den Schafpatron Sankt Wendelin. Endlich zeigt sich der Mesner an der Sakristeitür. Der Pfarrer wird bleich und hört auf mitten im Satz. Da merkt der Mesner, daß er etwas falsch gemacht hat, und er ruft in die Stille der Predigtpause hinein: »Lassen S' Ihnen derweil, Herr Pfarrer, 's Kaiberl ist schon da!«

»Gott sei Dank, heiliger Wendelin, daß du von die Küah aa was verstehst! – Auf die Einsiedler ist halt doch immer wieder ein Verlaß. Amen.«

Den hl. Martin hat er besonders verehrt. Zugleich war der heilige Ritter mit dem halben Mantel der Patron seiner Pfarrkirche. – So wurden denn seine Martinipredigten geradezu berühmt drei Pfarreien im Umkreis.

»Viele von den heutigen Theologen wissen es nicht mehr, auf welchem Roß der hl. Martin geritten ist, wie er dem armen Bettler seine Mantelhälfte geschenkt hat. – Vielleicht auf einem Rappen? – Nein, der Rappe ist ein Roß für den geizigen Teufel. – Auf einem Bräundl vielleicht? – auch nicht. Weil auf Bräundln reiten gern die hartherzigen Diktatoren und Generäl', die nur sich selber kennen und die armen Soldaten in die Schlachten treiben. – Ich, liebe Pfarrkinder, ich und der heilige Kirchenvater Gregorius, wir meinen, daß der hl. Martin auf einem Schimmel geritten ist. Denn der Schimmel ist ein unschuldiges Rösserl für einen braven und mildtätigen Mann. Amen.«

Ein andermal fragt er: »Was ist das beste an der Martinsgans?« Er zählte die einzelnen Gansviertel auf, nannte das Brustfleisch, die Haxerl und verwarf doch wieder alles. »Denn das Beste an der Gans ist, daß sie sich rupfen läßt, wie sich auch der hl. Martin von dem Bettler hat rupfen lassen. Amen.«

Einmal ist der Herr Weihbischof zur Visitation in seine Pfarrei gekommen. Bei der Durchsicht des Taufbuches gibt sich der hohe Herr verwundert über so viele uneheliche Geburten. Er macht dem Seelsorger, den er eben noch wegen der vielen heiligen Kommunionen gelobt hat, über die so zahlreich gestrauchelten Mädchen seiner Pfarrei einen Vorwurf.

»I woaß eh, Exzellenz. Dös is der wunde Punkt bei uns. Überalln folgn s' ma, grad in dem Punkt net. – Und wenn i ein Heiliger waar, könnt' ich's ihnen auch nicht ausreden.«

Als ihm seine Haushälterin verbieten will, nochmal einen Stier für den Kuhstall zu steigern – weil sich sowas für an Pfarrhof net schickt, indem auf unserm Haus der Zölibat ist –, antwortet er ihr: »Net im Kuhstall« und steigert auf dem Zuchtviehmarkt in Pfarrkirchen einen sündteuren Zuchtstier.

»Einen Rausch tät ich mir niemals antrinken«, hat sein junger Kaplan, der mit dem Pfarrer ein Wirtshaus hat aufsuchen müssen, unterwegs ausgerufen. »Niemals – und wenn es mir der Papst befehlen tät, nicht.« Und auf dem Nachhauseweg hat er sich dann aber doch von seinem Pfarrer führen lassen müssen. Vielleicht hat ihm dieser heimlich einen Schnaps ins Bier schütten lassen? Lustige Lumperstückl sind früher häufiger vorgekommen als heutigentags.

»Nichts Menschliches ist mir fremd«, soll schon der heilige Apostel Paulus gesagt haben. Einem Ökonomiepfarrer aber waren selbst die Vorkommnisse im Schweinestall bekannt. »Der Herr Pfarrer is grad beim Fackerlschneidn ...«

»Na, der Hochwürden is grad beim Kaiberlziehn ...«

»Gedulden S' Ihnen, unser Herr ist grad beim Mistfahrn. Nein, beim Mähn ist er, beim Mahn ...«

Frömmigkeit und Humor machen uns glücklich und das Leben wird eine heilige Viecherei. Und zu einer solchen paßt kein trauriger Heiliger. Darum: Auf zu Gott, nachand geht's an Teifi an Dreck an.

EIN HEILIGER VIEHHÄNDLER?

Die größte Viecherei ist immer der Viehhandel gewesen. Und einen hl. Viehhändler hat es noch nicht gegeben. Wohl aber heiligmäßige Bauern. Wie z. B. den von Vohburg, der, vom Markt heimkommend, glaubte, vom Viehhändler für den verkauften Ochsen um einen halben Gulden zuviel bekommen zu haben. Er konnte nicht schlafen, stand auf, ging zwei Stunden weit und brachte dem Handelsmann den halben Gulden zurück.

Ein Dummer, kein Heiliger, sagt da ein heutiger Viehkaufmann. Außerdem hat ein Viehhändler zum Heiligwerden keine Zeit.

Rümpfe ja keiner die Nase über die angebliche Schlechtigkeit eines Schweine-Nutz- und Schlachtviehagenten, es gibt bei weitem größere Händler in Wirtschaft und Politik. Und auch bedeutendere Schlitzohren.

Das Urbild der bayerischen Schlitzohrigkeit bleibt aber der Viehhändler. Er ist der Typ des überlauten Ehrenmannes. Dabei sind die Bayern keine begabten Händler wie schon der Historiker Aventin bemerkt hat. Sie sind allenfalls Viehhändler. Und gerade so ein Viehhändler muß an zwei Fronten kämpfen:

Auf den Bauernhöfen mit den schlitzohrigen Bauern und auf dem Schlachtviehmarkt mit den raffinierten Metzgern und Großviehagenten. Da vergeht einem das Gebet.

Um diesen Kampf bestehen zu können, braucht es übermenschliche Kräfte und eine große Portion an Originalität. Der Brunner Sepperl, der Paulus Dominik, der Peternbartl und der Godl-Pauli, der Sauhandler-Xaverl und der Held Korbinian, der Schweinhuber Pepe und der Garantie-Beni, ein jeder von ihnen – und noch hundert andere – ist eine exemplarische Figur.

Früher kamen sie mit dem Gäuwagerl und einer dünnen Gerte in den Hof gefahren, begrüßten in der Küche mit großer Freundlichkeit die Bäuerin, nachdem sie vorher in der Fletz schon der Stalldirn einen aufmunternden Blick zugeworfen haben, und konnten dann endlich dem Bauern die Honneurs machen.

»Westermayr, du bist der allerhöchste in der ganzen Pfarrei! Dein Bauernhof steht da herobn wie ein Grafenschloß. Kein Fenster hat einen Sprung, nicht einmal 's Menscherkammerfenster. Und da darf einer genau schaun, bis er ein schlechtes Zaunlattl findet an deinem Saugarten. Ein Hof wie aus dem Bauernkalender! Drum möcht ich von dir ein Stück Vieh kaufen, ein einzigs grad, wenn i's derzahln kann. Dös wär mein Wunsch. Und wenn mir der in Erfüllung geht, dann tät ich dich um deine brave Bäuerin nimmer gar so beneiden.«

Der Westermayr anwortete nicht, hörte kaum hin, griff nach der Zeitung.

»Jawohl, Bauer, auf Ehr und Seligkeit, ich möcht dir einen Ochsen abkaufen, deinen alten feisten Handochs! I zahl guat eine Hand übern Preis und an Taler Stallgeld noch extrig für die fleißige Schweizerin!«

Und weil der Bauer allerweil noch seine Zeitung liest und überhaupt nicht zuhört, patscht der Korbinian mit der flachen Hand auf den Tisch und schreit: »An Höchstpreis zahl' i und wenn's dir zuwenig ist, zahl i s' Doppelte von dem, was der Ochs wert ist!«

Die Sprachgewalt der alten Viehhändler war barock. Was haben sie alles reden und deuten, feilschen und loben, heruntersetzen und schwören müssen? Wie oft haben sie eine Garantie gegeben. Wie oft haben sie die Handelschaft jäh unterbrochen und sind zur Tür hinaus, sind gar aufs Gäuwagerl aufgestiegen, haben sich über die geforderten Viehpreise entsetzt gezeigt und sind dennoch wieder abgestiegen.

Ihre Handlungen waren so aufwendig, daß sie zum Gewinn in einem unrentablen Verhältnis standen. So ein Berufsleben soll dann beim Petrus droben nicht anerkannt werden? Eine mords Viecherei ist es, das Viehhandeln. »Und wenn ich mit einem H. Herrn Ökonomiepfarrer handle ist's eine hl. Viecherei.« Lustig sollte man auch sein.

Und doch haben sie ein gemütliches Leben geführt, die Herren Viehhändler, ein wenig feucht und ein wenig fröhlich, ein wenig laut und ein wenig kaufmännisch. Und wenn einer ein Leben lang sein Handelskapital erhalten konnte, dann war er zufrieden.

Der Wurzer Sigi hat mit viertausend Mark angefangen und hat jede Woche zwei Stück Großvieh in den Schlachthof geschickt. Nach zwei Jahren hat er die Handelskarte wieder zurückgeben müssen, weil er nicht einmal mehr eine einzige Sau hätte auszahlen können. Spesen hat er eben auch gehabt. Ein Viehhändler muß die halbe Zeit in den Wirtshäusern herumsitzen, muß jeden Tag seine sechs Glas Bier trinken. Eine Brotzeit braucht der Mensch auch. Die Fahrkarte nach München hin und zurück kostet sechs Mark, die Weißwürst in der Kantine nicht gerechnet. So etwas greift das höchste Handelskapital an.

Viele Viehhändler machen aus ihrem Handelskapital doch jedes Jahr mehr. Und wenn es nur ein paar Mark sind. – Einer wie der Korbinian Held von Geisbach hat sich gleich gar ein zweites Haus bauen können. Aber das auch nur, weil er mit jedem Vieh gehandelt hat, mit Ferkeln, Säuen und Kühen und manchmal auch noch mit Hochzeitern und Hochzeiterinnen. Und er war der gern gesehene Aufkäufer im Klosterhof der Benediktinerinnen von St. Gertrud. Er konnte es besonders gut mit der Schwester Immaculata, der Cellerarin, und die war eine couragierte Verwalterin. Wegen einer alten Kuh sind sie sich einmal gar nicht einig geworden. Da hat er sie beleidigt. »Du solltest nicht Immaculata heißen, Ehrwürdige, sondern Maculata. Weilst gar so ein Kuhmensch bist.«

Drei Jahre lang konnte er im Klosterhof kein Geschäft mehr machen. Da verlegte er sich mehr auf die Schmuserei. Vielleicht verdankt er sein zweites Häusl der Eheagentur?

»Niemals. Mit der Schmuserei geht überhaupt nix mehr, indem die heutigen Dirndln keine Bäuerinnen nimmer werden mögn«, sagt der Korbinian. »Und warum nimmer? Weil unser Herr Landrat den Infrastruktur z'hoch hinaufgeschraubt hat! Obi mitm Infrastruktur, dann kriegen wir wieder Hochzeiterinnen.« Er war unverwüstlich bis ans Ende.

»Ja, der Viehhändlerberuf ist mühsam, denn, so weiß ein alter Spruch: Wer einen Bauern ausschmieren will, kommt selber auf die Gant. Da konnte man nicht scharf genug aufpassen. Oder, wie der Held Korbinian es ausgedrückt hat: »Grad schaun und überecks denka! Sonst wird das Kapital täglich wenger.«

Vor seinen Ökonomen zitierte er allerdings andere Sprichworte. »Hofbauer«, beteuerte er da, »schmatz' ma über dein Ochs, ich will dran nix verdienen, mir geht's nur um die Unterhaltung. Weil mein Spruch heißt: Lieber einen Viehhandel wie eine Viecherei!«

NACHTIGALL, O LASS DICH HÖREN!

(Benno von Meißen, Rosa von Lima und der hl. Alfons)

Säugetiere und Vögel verspüren den Schmerz, Fische nicht. Fische sind immer schmerzlos. Ob die Forelle an der Angel hängt oder am Boden liegt und nach Wasser schnappt, sie empfindet nichts.

Die Weisheit hat mir ein alter Fischmeister erzählt. Geglaubt hab ich's ihm nicht. Empfinden sie ein anderes Unwohlsein? Sterben, »verrecken«, wie man bei den Tieren sagen soll als Christ, verenden tun sie doch.

Dabei haben sie gleich mehrere Schutzpatrone. Z. B. den heiligen Antonius von Padua, der den Fischen gepredigt hat. Und sie haben ihm aufmerksamer zugehört als die Leut. Oder den hl. Petrus, den Menschenfischer. Und ganz besonders haben die Münchner den heiligen Benno. Stadtpatron seit 1570, vordem Bischof von Meißen.

Mit Kaiser Heinrich IV. hat er sich um 1090 verworfen und ist vorübergehend nach Rom geflüchtet. Die Legende sagt, er hätte den Dom noch zugesperrt und den Schlüssel in die Elbe geworfen. Kurze Zeit später schon servierte man ihm einen Fisch. Und wie er den essen will, hat er den Domschlüssel im Bauch. St. Benno deutete sich dieses Wunder als ein Zeichen des Himmels, doch wieder nach Meißen zurückzukehren.

Er söhnte sich mit dem Kaiser aus und regierte die Diözese bis zu seinem Todestag, den 16. Juni 1106. In der Reformation verschenkten die Meißener seine Gebeine der Münchner Liebfrauenkirche.

Seitdem ist der hl. Benno mit dem Fisch auf dem Teller, der angesehene Münchner Stadtpatron. Die Bayern haben ihn gleich verehrt wie einen Einheimischen. Der Bennokult hat damals z. B. den viel berühmteren St. Quirinus vom Tegernsee verdrängt.

Obwohl der hl. Quirinus mit seinem Öl, wie der Mirakelbuchschreiber Metellus in seinen Quirinalien berichtet, an manchen Tagen gleich zwei Wunderheilungen vollbracht hätte.

Aber so sind halt die Münchner, einem Zuzügler trauen sie lieber wie einem

Einheimischen. Und überhaupt, wir essen gern Fisch. Und das nicht nur am Aschermittwoch.

Von den Fischen weiß man zahlreiche heilige Viechereien. Viele Gasthäuser mit Fischstuben nannten sich zum Walfisch. Weil der Jonas in seinem Bauche sich verborgen hielt. Es hat ihm nichts geholfen, er mußte den Niniviten doch die Bußpredigt halten.

Der hl. Blasius hilft einem gegen verschluckte Fischgräten. Schaut wenigstens auf, daß wir keine Gräten verschlucken. Wenn man sich hat einblaseln lassen. Und Petri Heil wünscht man einem Fischer. Gelobt sei alles, was schwimmt und fliegt, rufen manche Feinschmecker und nennen sich scheinheilig Vegetarier.

Und da kommen wir auf die Vögel. Alles was Flügel hat, lobet den Herrn! Eine der herzlichsten Verehrerinnen der Gefiederten soll die Landespatronin von Peru gewesen sein, die hl. Rosa von Lima.

Sie hat sich bereits als Kind im Garten ihres Vaters eine Einsiedlerklause bauen lassen, so gern hat sie gebetet und gefastet. Dabei leisteten ihr die Vögel des Himmels Gesellschaft. Und das hat die Leute am meisten gewundert, daß immer Vögel um sie waren. Mit ihr um die Wette gesungen haben. Den Vögeln zu lieb hat sie gar ein Gedicht geschrieben. Mit den schönen Versen fängt es an:

Nachtigall, o laß dich hören,
preise Gott mit hellem Ruf!

Als einer der Hausgockeln, den sie besonders gern hatte, geschlachtet werden sollte, weil er nicht mehr krähen könne, wie man ihr erklärte, redete Rosa ihm gut zu und beschwor ihn: »Kräh, o kräh doch, guter Hahn, sonst mußt du sterben!«

Gleich stimmte der Gockel sein schneidiges Kickeriki an und war gerettet. Als sie 1617, kaum dreißigjährig, stirbt, singen ihr die Nachtigallen ein Abschiedslied.

Eine liebenswürdige Heilige! Denn wer es mit den Vögeln kann, steht dem Himmel näher. Es muß ja nicht gleich die Taube des Hl. Geistes sein, die man in seinen Taubenkobel locken will. Mit welcher Sprache? Die Sprache des hl. Geistes ist die Liebe.

Der hl. Alfons Maria von Liguori, Bischof von Sant' Agatha, der Stifter des Redemptoristenordens, war ein gebürtiger Neapolitaner. Mit zwanzig schon Rechtsanwalt und Professor der Jurisprudenz. Und als er einmal einen Prozeß verspielt, ärgert er sich so sehr, daß er Priester wird und einen Orden gründet.

Votivbild aus Malching. Eine große Bauernfamilie verlobt sich zum gegeiselten Heiland. (Foto: Hermann Reichmann

Fürsterzbischof Sigismund von Schrattenbach zu Salzburg (1753–1771). Er war ein Original, Gönner der Familie Mozart und auch ein großer Hunde- und Katzenliebhaber. »Narren, Katzen und Hund liebt unser Sigismund«, sagten damals die Salzburger. Seine fürsterzbischöfliche Hofhaltung also eine »heilige Viecherei«? (Foto: O. Anrather, Salzburg, nach Porträt im Dommuseum)

Fürsterzbischof Max Gandolph von Khuenburg (1668–1687) auf der Jagd. Öl auf Leinwand. Der geistliche Fürst mit seinem Leibjäger (oder Verwandten) mit der »Strecke« am Untersberg. Der Jäger zeigt auch einen Schneehasen. Das Bild wurde 1938 dem Reichsjägermeister Göring geschenkt, kam nach Karinahall, dann nach Amerika und wurde von Graf Überacker wieder nach Salzburg gebracht. Dommuseum Salzburg, Katalog, hrsg. von J. Neuhardt, 1981. (Foto: O. Anrather)

Hans Krumper. Kämpfendes Englein an der Münchner Mariensäule. Hier der Kampf gegen das Gockel-Ungeheuer »Basilisk«, das die Pest bedeutet (1638). (Foto: Hermann Reichmann)

Während seiner Bischofszeit herrscht in der Diözese eine entsetzliche Hungersnot. Er versetzt sein letztes Brustkreuz, um für die Leut Brot zu kaufen. Es half alles nichts, es brach eine Hungerrevolte aus. Die Leut stürmten das Rathaus und da sie erfahren, daß der Bürgermeister sich in das bischöfliche Palais geflüchtet hätte, stürmen sie auch dieses. Der Heilige tritt ihnen im Garten entgegen. Es ist ein kalter Wintertag und auf den Stufen liegt ein verfrorener Spatz. Alfons bückt sich, hebt den Sperling auf und erwärmt ihn mit seiner Hand. Dann beruhigt er erst die Aufständischen, gibt ihnen die allerletzten Vorräte.

Und da er immer noch das Vöglein in der Hand hielt, ärgerten sich einige darüber. Die Menschen sterben vor Hunger und unser Bischof kümmert sich um einen Spatz!

»Das ist kein Grund, ein so kleines Vögelchen erfrieren zu lassen«, erwiderte der hl. Alfons. Und da der Spatz gerade die Flügel streckte, fügte er hinzu: »Schaut, Er hat den Sperling vor dem Tode errettet! Er wird auch uns nicht umkommen lassen.«

Alfonso hatte recht. Den anderen Morgen kam eine größere Getreidesendung, vom Herzog Maddaloni gestiftet. Die Leut hatten wieder zu essen. Hier endet die Poesie und es beginnt die Musik. Wer Tiere liebt, mag auch wieder die Leut.

Am meisten imponieren mir am hl. Redemptoristengründer, größten Moraltheologen und Kirchenvater aber seine Lehrpunkte im sechsten und neunten Gebot. Und im Steuerrecht. Das scheinen mir menschenfreundliche, barocke und fröhliche Viechereien zu sein!

Die heutigen Fundamentalisten sagen, der hl. Alfons sei völlig veraltet und hätte eine Moral auch für absolute Fürstenherrlichkeit gelehrt: »Bei Königen ist's keine Sünd'.« – Aber wir Heutigen hätten uns zuvörderst an eine soziale Moral zu halten, an eine helfende Solidarität gegenüber den Armen der dritten Welt.

Trotzdem tun einem die fromm-liberalen Lehrpunkte Seiner Gestrengen wohl. Im dritten Band seiner »Theologia Moralis« setzt er sich ziemlich großzügig mit dem eigentlichen Ehebruche – und wann er wirklich vollzogen – auseinander. Und er trifft richterliche Entscheidungen fast mit dem Zentimetermaß. »Bis so weit ist's noch keiner ...« Schon in der Mitte des 19. Jahrhunderts hat man diese Stellen aus seinen Lehrbüchern gestrichen. Wie schad! Und darf man einen Kirchenlehrer verkürzen?

Dann erst seine mildernden Umstände mit den Steuersündern! Da lehrt nämlich der heilige Spatzenretter: Wenn ein Staat zu undurchsichtige und gar ungerechte Steuergesetze verkündet, die ob ihrer Kompliziertheit vom gesunden Menschenverstand nicht begriffen werden können, dann sei das Verbrechen der Steuerhinterziehung kaum eine läßliche Sünde, brauche weder gebeichtet werden, noch müßten die hinterzogenen Steuern unbedingt restituiert werden. Das gelte auch – ohne Gewissensschwere – wenn ein Staat einen zu sündhaften Aufwand treibe, mit Mätressen und überzähliger Beamtenschaft, mit Hofschranzen und zu aufwendigen Festlichkeiten. Ferner bräuchten hinterzogene Steuern nicht restituiert werden, wenn der Staat zu viel Geld für Kriegsrüstungen ausgäbe.

Heiliger Alfons, der erfrorene Spatz in deinen wärmenden Händen wird mir zu einem gnadenreichen Glücksvögelein. Gepriesen sei der Herr in deiner menschenfreundlichen Weisheit! Wer an einen Sperling denkt, urteilt menschlich. Und fällt doch kein Sperling zur Erde ohne den Willen unseres himmlischen Vaters.

BENÜTZTE LITERATUR

N. Heider, Tiersymbolik, Augsburg 1849

J. Lauchert, Geschichte des Physiologus, Wien 1889

Wilhelm Hünermann, Der Endlose Chor, Freiburg 1949

J. Franz Tschudy – Frumentius Renner, Der hl. Benedikt und das benetiktinische Mönchtum, St. Ottilien 1979

Benno Hubensteiner, Die geistliche Stadt, München 1959

C. G. Jung, Psychologische Typen, Freiburg 1971

Dr. Alexander Erhard, Geschichte der Stadt Passau, Passau 1975

Theodor Schnitzler, Die Heiligen im Jahre des Herrn, Freiburg 1979

Hermann Born, Seraphischer Sternenhimmel, München 1846

Theodor Birt, Charakterbilder Spätroms, Leipzig 1919

Germàn Arciniegas, Geschichte und Kultur Lateın-Amerikas, München 1965

P. Knellinger S.J., Sonntags-Predigten, Ingolstadt 1728

Anton Metzler, Legende der Heiligen, Landshut 1840

Alban Stolz, Legende, Freiburg 1894

Dr. Magnus Jocham, Bavaria sancta, Leben der Heiligen und Seligen des Bayernlandes, München 1862

Aegidius Rambeck, Heiliges Benediktinerjahr, Augsburg 1710

Josef Ignaz Claus, Unterschiedliche Predigten ... Augsburg 1752

Dr. Franz Bittner, Dogmatik, Regensburg 1855

P. F. Albertus Winterholler, Hundert Sonntags-Predigen, Augsburg 1718

Georg Lohmeier, Bayerisches für Christenmenschen, München 1984

Karl Büchner, Römische Literaturgeschichte, Stuttgart 1968

Hausthaler und Martin, Salzburger Urkundenbuch (3 Bde., 1899/1918)

Widmann, die Geschichte Salzburgs (3 Bde., 1907/14)

Franz Martin, Die Fürsterzbischöfe in der Barockzeit, Salzburg 1949

PERSONEN- UND SACHREGISTER

Abraham 14, 22
Abraham a Sancta Clara 46
Afrika 16
Aichach 35
Aigen 35 ff.
Albigenser 61 f.
Alexandrien 16 ff.
Alfons Maria von Liguori, Kirchenlehrer, Bischof von Sant'Agatha 88 f.
Altenhohenau, Dominikanerinnenkloster 62
Amberg 33
Ambrosius 11
Amiens 45
Anna, Hl. 76
Antonius von Padua 60, 87
Apuleus 10
Apulien 26
Aquileja 51
Archangelus a sancto Georgio 45
Arche Noa 7
Arco, Graf 74
Aristoteles 16
Artemis 17
Asam, Cosmas Damian 50
Asam, Egid Quirin 35, 46
Asbach 37
Athen 26
Augsburg 13, 33, 67
Augustinus 11, 22
Aventin 84
Ägidius 41 ff.
Ägypten 14

Baden-Württemberg 17
Bayern 19
Baldauf, Ignatz 35
Bamberg 69 f.
Baumburg 67
Benedikt 47 f.
Benno, Hl. 87
Berchtesgaden 67
Bernhard 61
Bethlehem 9, 13, 21 f., 24
Blasius 88
Bologna 36
Böhmen 67
Brixen 67, 71 f.
Brüssel 40
Buchbach 66

Cani, Hund der Siebenschläfer 61
Chiemsee, Bistum 67
Cicero 19
Clodwich, König 36
Cobenzl, Graf 70
Colleredo, Hieronymus 69 f., 70, 74 f., 77
Columban, Hl. 50

Dagobert, Frankenkönig 40
Dalmatien 9, 19
Damasus, Papst 20 f.
David 21
Diego, Bischof von Azevedo 61
Dietrichstein, Andreas Jakob, Fürsterzbischof 69 f.
Dominikus 10, 61 f.
Dürer, Albrecht 18

Eichstätt 70
Emanuel Max, Kurfürst von Bayern 69
England 33
Ertl, Ignatius, Augustinerpater 46
Eustachius 44

Firmian 69
Floribane, Gräfin 40

Franken 67
Franz von Assisi 42, 62
Freising 33, 49
Friedrich, Herzog von Österreich 51, 67
Fürstenfeld, Zisterzienserabtei 35

St. Gallen 50
Gallus, Hl. 50
Gars am Inn 66 f.
Georg 27, 30–33, 45
Gern 33
Gerzen 33
Germanien 19
Gertrud, Äbtissin von Nivelles 47, 86
Gilg, Emmeram, Abt von Weltenburg 29
Graz 9
Gregor der Große, Papst und Kirchenvater 82
Griesbach, Bad 37
Gurck 67
Gärtner, Pater von St. Peter in Salzburg 64

Hagenauer, Lorenz, Maler und Bildhauer 76
Hagenauer, Wolfgang, Architekt und Bildhauer 76
Harrach, Fürsterzbischof von Salzburg 69, 71
Heinrich IV., Kaiser 87
Heliopolis 17
Hilarius 45
Hieronymus 9, 18 f., 21 f., 47
Hildegard von Bingen 46
Holzinger, Johann 46
Honorius I., Papst 61
Horaz 19
Hubertus 7, 40 f.

Inchenhofen 35
Indien 16
Innozenz III., Papst 51

Jakob 80
Jerusalem 12, 21
Johanna von Aza 62
Johannes der Täufer 22
Jonas 88
Josef II., Kaiser 74
Juda 16 f.
Juliane, Hl. von Holland 78
Juno 26, 46
Jupiter 26

Kampenwand 27
Kappadokien, Georg von, Bischof 17
Kirchstetten 31
Klemens von Alexandrien 16
Knossos 26
Konrad, Graf von Wasserburg 62
Konstantinopel 33
Korbinian, Hl. 49 f.
Kremser Schmidt 37
Krenkl 32
Kreta 26
Kärnten 67
Kößlarn 14

Lambrecht, Bischof 40
Laufen 66
Laurentius 26
Leonhard, Hl. 8, 31, 35–38, 46, 54–60
Lichtenstein 69
Limoges 35 f.
Lodron Paris von, Fürsterzbischof von Salzburg 69
Ludwig II., König von Bayern 10, 30, 32, 39
Ludwig der Strenge, Herzog von Bayern 35
Ludwig, Kronprinz von Bayern 67
Lucius 10
Lukas 11, 24 f.
Löwenherz, Richard 32

Maddaloni 89
Mainz 69
Malching 41
Marcella 21
Margarete 30
Maria von Brabant 35
Maria Theresia, Kaiserin 70
Markus, Evangelist 17 f.
Martin, Bischof von Tours 14, 31, 45 f., 82
Maastrich 40
Matthäus, Evangelist 7
Melanie 20
Meißen 87
Metternich, Fürst 67
Michael, Hl. 26 f., 31
Minos 26
Minotaurus 26
Mithras 26
Modler, Johann Baptist, Stukkateur 61
Monte Gargano 27
Mozart, Wolfgang Amadeus 65–77
Mühldorf 66
Müller, Adam, Asam-Schüler 33
München 67, 69, 84

Neptun 26
Neresheim 13
Niederbayern 67, 69
Nobiliacum 6, 58
Nonosus, Abt 50
Notburga 46

Oberascher, Simon 13
Oberbayern 67
Obermenzing 39
Odelshausen 46
On 17
Otto, Bischof von Freising 49
Otto, Prinz von Bayern, später König Otto I. 39
Origenes 16
Ostia 22
Österreich 17

Pannonien 9, 19
Passau 33, 35, 41, 50, 67
Passiphaè, Königin von Knossos 26
Parhamer, Jesuitenpater 64
Paulus, Apostel 83
Pavia 50
Perner, Johann Ignatz, Rechtsanwalt 32
Persien 26
Petrus, Hl. 18, 87
Pharao 14
Pippin d. Ältere 47
Poseidon 26
Prouille, Kloster bei Toulouse 61

Quirinus, Hl. von Tegernsee 87

Raitenhaslach 33
Rambeck, Aegidius OSB 42
Regensburg 33, 42, 67, 69
Reichersberg 25 f.
Reims 36
Remigius 36
Rheinland 67
Rialto, Insel 18
Rom 20, 26, 29, 50, 68, 87
Rosa, Hl. von Lima 88
Rottal 37
Rottau 27
Roth, Revierförster von Obermenzing 39
Rothenburg ob der Tauber 14
Rotthof im Rottal 41
Rufin, Freund des Hl. Hieronymus 20, 22
Rupert 63, 66, 72
Rupertigau 67
Rußland 33

Salamon 16
Salzburg 63, 65–70, 74
Sattler, Salzburger Geschichtsschreiber 63
Sara 14
Scheyern 42
Scholastika, Schwester des hl. Benedikt 47
Schrattenbach, Sigismund Christoph von, Fürsterzbischof von Salzburg 63–77
Schlesien 67
Schwabelweis 33
Schwaben 67
Schönborn 69
Seckau 67
Seinsheim 69
Sinzendorf 42, 71
Sipontum 26
Steiermark 9, 67

Teisendorf 66
Terenz 19
Tettinek, Salzburger Geschichtsschreiber 63
Theseus 26
Thomas von Aquin 62
Thun, Johann Ernst, Graf, Fürsterzbischof von Salzburg 43, 69, 72 f.
Thun, Josef Maria, Graf, Bischof von Gurck 70
Tittmoning 66
Tirol 67
Trias, Dreigottheit der Mithrasanhänger 26
Trier 19
Tours 45
Tölz 35

Untersberg 43

Vatikan 8
Venedig 17 f.
Vohburg 84
Vornbach/Inn 46

Waging 66
Wamba, Westgotenkönig 41 f.
Weltenburg 27, 35
Wendelin 82
Wettenhausen, Reichspropstei 13
Wetzlar 66
Wien 67, 69
Wink, Christian 25, 27
Winzer 33

Wolfger, Bischof von Passau 50
Wrede, Fürst, bay. Feldmarschall 67
Würdinger-Schutzen 36 f.
Wüst, Schreiner 35
Würzburg 69 f.
Zauner,
Salzburger Geschichtsschreiber 63
Zeil, Graf, Domdekan von Salzburg, Fürstbischof von Chiemsee 64, 69–72, 76
Zeus 26